U0856782

教育系列丛书

「新六艺」

围棋

郑训佐／主编

◎ 宁丽 · 许恺玲／编著

山东城市出版传媒集团 · 济南出版社

图书在版编目（CIP）数据

新六艺教育系列丛书. 围棋 / 宁丽，许恺玲编著. -- 济南：济南出版社，2016.11（2018.9重印）
ISBN 978-7-5488-2414-5

Ⅰ. ①新… Ⅱ. ①宁… ②许… Ⅲ. ①中华文化－少儿读物 ②围棋－少儿读物 Ⅳ. ①K203-49 ②G891.3-49

中国版本图书馆CIP数据核字（2016）第291972号

新六艺教育系列丛书　郑训佐 / 主编
新六艺教育丛书 · 围棋　宁　丽　许恺玲 / 编著

责任编辑 / 朱　琦　范玉峰
责任校对 / 董傲园
装帧设计 / 戴梅海
插　　图 / 孙乐中　刘　鑫

出版发行　济南出版社
地　　址　济南市二环南路1号 250002
网　　址　www. jnpub. com
电　　话　0531- 86131726
传　　真　0531- 86131709
经　　销　各地新华书店

印　　刷　济南龙玺印刷有限公司
开　　本　635×960毫米　1/16
印　　张　9
字　　数　138千
版　　次　2016年11月第1版
印　　次　2018年9月第2次印刷
印　　数　5001-10000册
定　　价　36.00元

发行电话　0531- 86131730 / 86131731 / 86116641
传　　真　0531- 86922073

前　言

古有西周“六艺”，孔子推而行之，这一与现代教育相通的“德智体美”全面发展的教育思想和方法，指导了两千多年的传统教育，在今天看来，仍闪烁着智慧的光芒。中华优秀传统文化，积淀着中华民族最深层的精神追求，体现着中华民族独特的精神标识。要坚持“文化自信”，自觉传承与发展中华优秀传统文化，就必须从青少年做起。只有这样，才能培养出富有民族自信和爱国主义精神的新一代接班人。

历史与时代的发展给我们教育工作者提出了新的要求，2014年伊始，山东大学相关专业的专家学者汇聚一堂，尊崇孔子“志于道、据于德、依于仁、游于艺”的教育思想，同时依据教育部关于普及和推广传统文化的要求，创建了独特的新六艺课程教学体系，旨在继承传统“六艺”“德智体美”全面发展的精髓并积极探索创新。同时创建了山东大学新六艺学堂。

我们在山东省图书馆尼山书院的平台上广泛开展了新六艺课程普及活动，受到广大学生和家长的热烈欢迎，同时得到文化部的认可，新六艺课程被纳入了全国文化信息资源共享工程。新六艺课程体系的成功实践，被中央电视台《新闻联播》头条播出，社会反响巨大。

为更好地普及新六艺课程，将新六艺探索实践的成果惠及更多少年儿童，在整理授课内容和总结经验的基础上，我们推出了“新六艺教育系列丛书”。全套丛书分为《礼射》《国乐》《诵读》《书法》《国画》《围棋》，共6册，体现了新六艺继承传统、创新发展的理念。传统“六艺”包含了做人教育和知识教育，是相对完善的教育体系，新六艺弥补了当下国学教育中存在的诵读教育即是国学教育的不足。“把传统文化传下去，让国学精粹活起来”。知行合一，方能育人成材。这是山东大学新六艺学堂的独到之处，也是本套丛书的主旨，是孔子教育理念与现代教育结合的成功范例。

“新六艺教育系列丛书”是我们的开端之作，不足之处，敬请广大读者指正，读者的意见是我们前进的动力。我们相信，在建设民族文化自信的道路上，新六艺将与读者们一起成长。

目 录

围棋弈境

几千年来，围棋让无数涉足其中的人乐此不疲，沉醉一生。它的魅力到底有多大，奥妙又有多深，每个人都有不同的看法。但作为传承至今的国粹，现代人也开始普遍认同这样的观点——学习围棋会一定程度增强注意力和思维活跃性。

围棋源远流长，充分体现出中国的特色文化内涵。细数起来，围棋文化已经渗透到中国文化的方方面面，到处都有它的影子，从诗词歌赋、传奇佳话，到用兵之道、治国方略，乃至对外交流、竞技体育，围棋当仁不让地成为中华文明史上一朵奇葩。

第一章　围棋的源流

第一节　围棋的起源

导　入

乐乐：“围棋在四千多年前就被发明了，历史非常悠久，相传三皇五帝时的尧帝为了教育培养儿子特意创造了围棋，到春秋战国时期就已经出现了棋艺盖世的围棋高手。”

小礼：“哇，你知道这么多，那你一定会下围棋了，是不是高手啊？”

乐乐：“我当然会了，只是距离高手还远着呢。要成为高手啊，得跟着礼爷爷好好学习才行。”

小礼：“那我们一起来学习吧。”

新六艺课堂

一、围棋的起源

围棋，在我国古代称为弈，它的历史是非常古老的。

1. 围棋相传为尧所造

史书里记载围棋发明于四千多年前尧的时代，能考证到的文字是战国时的文献《世本》："尧造围棋，丹朱善之。"意思是尧创造围棋，他的儿子丹朱学会后下得很好。西晋的张华在《博物志》中进一步阐明了尧发明围棋的动机："尧造围棋，以教子丹朱。或云舜以子商均愚，故作围棋以教之。"从张华的记载看，古人一开始就把围棋当作教育的工具，认为它具有开发智力的功能。

这些传说的可信度还值得商榷，围棋起源的具体时间也有待考证，但英国、美国等国家权威的百科全书也依据这些资料，认可围棋发明于公元前两千多年的中国。

2. 春秋时候，围棋已经很发达了

作为中国第一部较为完备的编年史著作，《左传》中已有关于围棋的记载，"举棋不定"的成语就源于《左传》中的故事。"举棋不定"的故事发生在约公元前559年，这是迄今为止最早的有关围棋的文字记载。

孔子、孟子更是多次用围棋来说明为人处世的道理。孔子

的《论语》中有一句话非常有名："饱食终日，无所用心，难矣哉！不有博弈者乎？为之犹贤乎已。"意思很明白，整天吃得饱饱的，无所事事，还不如下围棋。孟子也曾提到"博弈好饮酒"，"博弈"指的就是下围棋。从孔孟的言论中，可以侧面反映出在春秋战国时期，围棋已在生活中很常见了。

3. 围棋的发明体现了中国古人的智慧

围棋的缘起说法很多，但或多或少都认为与古代的《周易》有关系。有人认为，古代的星象图里有成百上千的圈圈点点，那就是围棋的前身。还有人说，围棋最早是占卜的工具，古代君王能据八卦的规律组合推算，占卜算卦，尧就是用占卜的工具发明了围棋。

这些说法都有道理，虽然细节上还有争议，但都在不同侧面说明一个事实——围棋起源于古代中国。

二、认识棋具，了解规则

1. 认识棋盘、棋子

围棋可以比作打仗的游戏，黑棋子是黑士兵，白棋子是白士兵，两军开战的战场就在棋盘上。棋盘横竖各有19条直线，直线相交产生了361个交叉点，其中有九个点被专门标出，是比较明显的圆点，称作"星位"，中央的星位还有一个名字叫作"天元"。

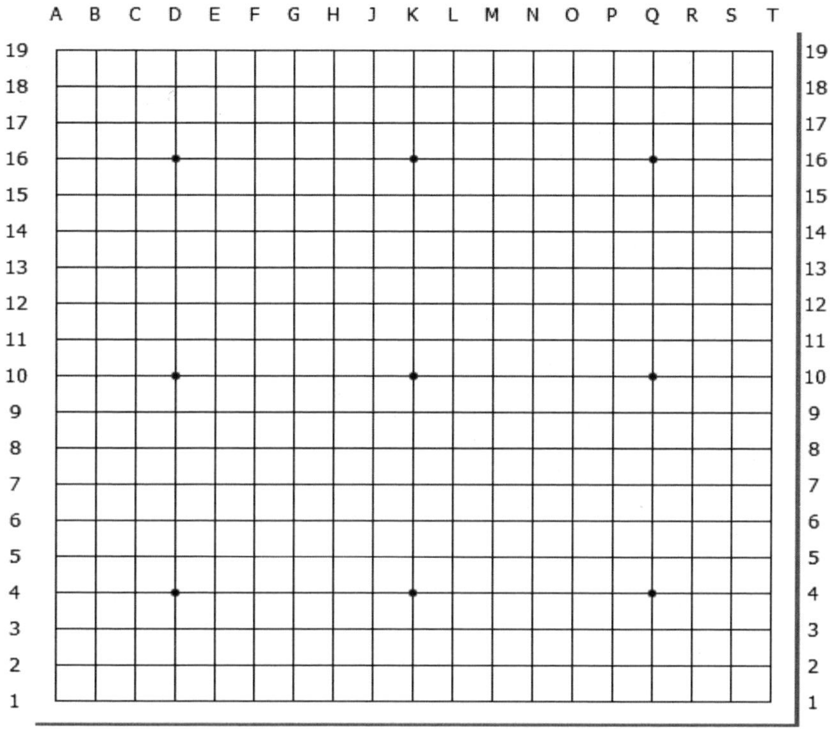

围棋的棋盘

围棋的棋子分黑白两种颜色，形状为圆形。正式比赛的棋子为黑方181枚，白方180枚。围棋的棋盘有交叉点361处，两色的棋子相加应该等于这个数字。

2. 围棋的基本规则

（1）围棋是两个人玩的游戏。

（2）黑棋先下，黑子、白子交替下子。

（3）棋子要下在棋盘的交叉点上。

（4）棋子落在棋盘上就不能移动。

（5）没有气的棋子要被提掉。

3. 对局的礼仪

（1）礼仪。

① 对局前要互相行鞠躬礼。

② 指导对局时，要说“请指教”。

③ 对局结束后，要说“谢谢指导”。

（2）对局礼节。

① 下子以后不能悔棋。

② 对局时不可将手放在棋盒里发出响声。

③ 对局中不能讲话。

④ 对局中不能站起来。

⑤ 对局中，暂时离座，要得到对方的谅解。

⑥ 对局结束后，要把棋子收回棋盒里。

围棋名人

围棋第一国手弈秋

春秋时期鲁国有位叫秋的人，他特别喜欢下围棋，潜心研究棋艺，终于成为鲁国下棋的第一高手，人称弈秋。他从事围棋教育，成了史上第一个有记载的围棋专业棋手和教棋者。

在《孟子·告子上》中，孟子为说明做事要“专心致志”，就专门讲述了弈秋教棋的故事。孟子说：“弈秋，通国之善弈者也。使弈秋诲二人弈，其一人专心致志，惟弈秋之为听；一人虽听之，一心以为有鸿鹄将至，思援弓缴而射之。虽与之俱学，弗若之矣。为是其智弗若与？曰：非然也。”意思是说，弈秋是一名围棋国手，他教两个孩子下棋，其中一个专心致志，另一个老想着天上将要有鸟飞过来，想去打鸟。虽然两人一起学棋，但后一个的棋艺就比不过前一个。难道是后一个的智商不如别人？答案肯定不是这样的。孟子意在说明，如果做事情不专心致志，即使拜弈秋这样的高手学围棋，也会学不好。

围棋故事

举棋不定

《左传·襄公二十五年》记载这样一个故事：春秋时期，卫献公骄奢残暴，卫国大夫孙文子和宁惠子发动政变，将献公赶下台，另立卫殇公为君。宁惠子死后，儿子宁悼子与孙文子不和。此时，流亡在外的献公也有心复国，派人同宁悼子联系，承诺回国后让宁悼子掌权，自己不管朝政。宁悼子当即满口答应，而卫国大夫太叔文子听说后叹息："今宁子视君不如弈棋，其何以免乎？弈者举棋不定，不胜其耦。而况置君而弗定乎？"这番话是说，下棋的人举棋不定，肯定无法战胜对手，在迎立国君这样的大事上，更不能如此优柔寡断，宁悼子肯定会失败的。果如太叔文子所料，宁悼子杀掉卫殇公迎回献公后不久，就被献公所灭。

这里用的"举棋不定"后来成了成语，由此可见，围棋在当时已经为世人所熟悉。

围棋格言

1. 胜固欣然，败亦可喜。

——北宋・苏轼

2. 观棋不语真君子。

——明・冯梦龙

温故知新

1. 课下收集有关围棋起源的图片资料。

2. 用一两句话谈谈你对围棋的初步认识。

第二节　围棋的古代发展史

导　入

小礼：“围棋起源有这么多历史故事啊，听了以后大长见识。我要成为围棋高手，这节课要讲什么呢？”

乐乐：“更多的好故事在后面呢，你这么着急，是学不好围棋的，耐心很重要。”

小礼：“好期待啊，赶紧去了解一下。”

新六艺学堂

围棋早期只是被当作小技，到了东汉才奠定了它的正统地位，魏晋南北朝时期围棋发展迅速，有了棋品制度，随后隋唐时还设立了“棋待诏”，棋手地位大大提高，到明清时期，出现了大量顶尖棋手。

1. 早期的缓慢发展

围棋虽然起源很早，但最初发展还是比较缓慢，在那时人们的眼里，围棋还只是微艺末技，难大行于世，更少有关于围棋的专著。

秦始皇统一六国之后，焚书坑儒，围棋随之销声匿迹，仅在很小的范围内流传。到了汉代，围棋发展的环境才稍微宽松。

汉代有好几位皇帝都下围棋。开国皇帝汉高祖刘邦就是个著名的围棋爱好者，经常下围棋娱乐。汉宣帝刘询也很喜欢下围棋，没做皇帝的时候，就时常与陈遂在一起下棋。陈遂棋艺略逊一筹，常常输棋，欠了刘询不少棋注。刘询当皇帝后，还准备提拔陈遂当太原太守，太原太守俸禄丰厚，足够偿还欠下的棋注，不过陈遂婉言辞谢了。

即便连皇帝都下围棋，到了东汉初年，社会上还是“博行于世而弈独绝”，围棋发展得仍不好。这时，著名史学家、《汉书》的作者班固专门写了一篇文章《弈旨》，第一次对围棋做了全面的论述，并且积极给围棋正名，把围棋抬高到了正统的位置，围棋逐渐为士大夫阶层所接受。

直至东汉中晚期，围棋活动才逐渐盛行。1952年，考古工作者在河北望都一号东汉墓中发现了一件石质围棋盘，棋盘呈正方形，盘下有四足，盘面纵横各17道，为汉魏时期围棋盘的形制提供了实物资料。

汉魏时期战争频繁，围棋在当时成为培养军人才能的重要工具。像曹操、孙策、关羽等三国时期有雄才大略的人，都是战场和棋盘上的佼佼者。

2. 围棋渐登大雅之堂并向外传播

魏晋南北朝时期，围棋棋制发生了第一次重要变化，棋盘从17道发展到了19道。当时文人雅士都好清谈，下围棋甚至被称为

1998年，陕西省西汉时期汉阳陵遗址的考古发掘中出土的一块残损的陶质围棋盘，是迄今考古发现的最早的围棋实物

河北望都一号东汉墓出土石质围棋盘，盘上棋坚条线为17道

“手谈”，意为手指上的清谈，棋风很盛。上层统治者还以棋设官，建立“棋品”制度，对有一定水平的“棋士”，授予与棋艺相当的“品格”（等级）。当时的棋艺等级分为九品，现在的围棋九段制即源于此。

唐宋时期，围棋发生了历史上的第二次重大变化。由于帝王们的喜爱以及社会安定、经济发展等原因，围棋风行全国，出现了职业棋手。唐朝设立了“棋待诏”，翰林院中有了专门陪同皇帝下棋的专业棋手，他们往往经过严格考核后入选，被称为“国手”，他们可时常获得皇帝的召见，拥有很高的社会地位。也是从唐代开始，围棋逐渐走出国门，首先传到了日本，在日本涌现了许多围棋名手。朝鲜半岛上的国家也开始下围棋，并派棋手来中国交流。

日本正仓院所藏唐朝赠物紫檀棋盘

到了明清两代，国内棋手的棋艺水平得到了迅速提高，产生了各种围棋流派。围棋从士大夫阶层传向普通民众，在民间也兴盛起来。这时，许多围棋名家还有意去编纂棋谱，总结有关围棋的各种技艺。明朝末期，出现了一位天才国手过百龄，他从十几岁开始，就纵横棋坛，后来写了我国古代最有名的一本围棋著作《官子谱》，里面有一千多道题，这本书几百年来一直是棋手的经典教材之一。

3. 围棋发展的高峰期

到了清朝，我国古代围棋的发展达到了顶峰。先是出了一个奇才黄龙士，他的计算功力了得，棋风刚猛，被尊为“棋圣”。黄龙士之后，又出现了程兰如、梁魏今、范西屏、施襄夏，被称为围棋“四大家”，个个棋艺出神入化。尤其是范西屏和施襄夏两人，棋力相当，都达到了当代顶级高手的水平，两人曾在浙江平湖大战13局，留下10局棋谱，称为《当湖十局》。这十盘棋妙绝千古，至今是棋坛佳话。

自乾隆后期，中国古代围棋由盛而衰，棋界后继乏人，呈现青黄不接的迹象。从嘉庆、道光直至鸦片战争前后崛起的国手，一般被称为“晚清国手”，他们的棋力与盛清国手相比，有较大幅度下降。

围棋故事

十番棋：高手的加冕礼

围棋界一直有十番棋情结，但凡有两个棋力相当的绝世高手并立，如果不进行一次十局比拼的话，“当世第一”的称号就永远只是虚位以待。

最早的十番棋被称为“血泪篇”。清朝康熙年间，黄龙士独步棋界，无人能与之抗衡。徐星友比他年长7岁，学弈较晚，为求棋艺精进，拜黄龙士为师。两人奕局，从受让四子开始，徐星友步步紧追。待受让三子可与黄龙士一争胜负时，徐星友棋名已盛，与其他高手对弈多有胜算，便认为自己能达到被黄龙士让“二手”的高度。偏偏黄龙士心高气傲，故意让徐星友三子来了一场十局大战，最终徐星友获胜，但比分却说法不一。这便是围棋史上著名的“血泪篇”。

乾隆年间，范西屏、施襄夏双雄并立。范西屏落子敏捷，灵活多变，看似不经意的布局，却蕴藏着重重杀机。施襄夏不到20岁已是国手，后来领悟到下棋的精髓在于顺其自然，该舍就舍，自此棋风大变，成为与范西屏并立的大国手。

乾隆四年（1739），范、施两人受浙江当湖（又名平湖）张永年的邀请，前往对弈，这便有了“当湖十局”。“当湖十局”也被称为“千两之棋”，意思是一局棋相当于一百两银子的价值，当时朝廷一品大员的年薪也不过一百八十两银子而已。

“当湖十局”是范西屏、施襄夏一生中最精妙的杰作，也是古代中国围棋对局中登峰造极之局。两人此番对战，呕心沥血，将各自风格展现得淋漓尽致。

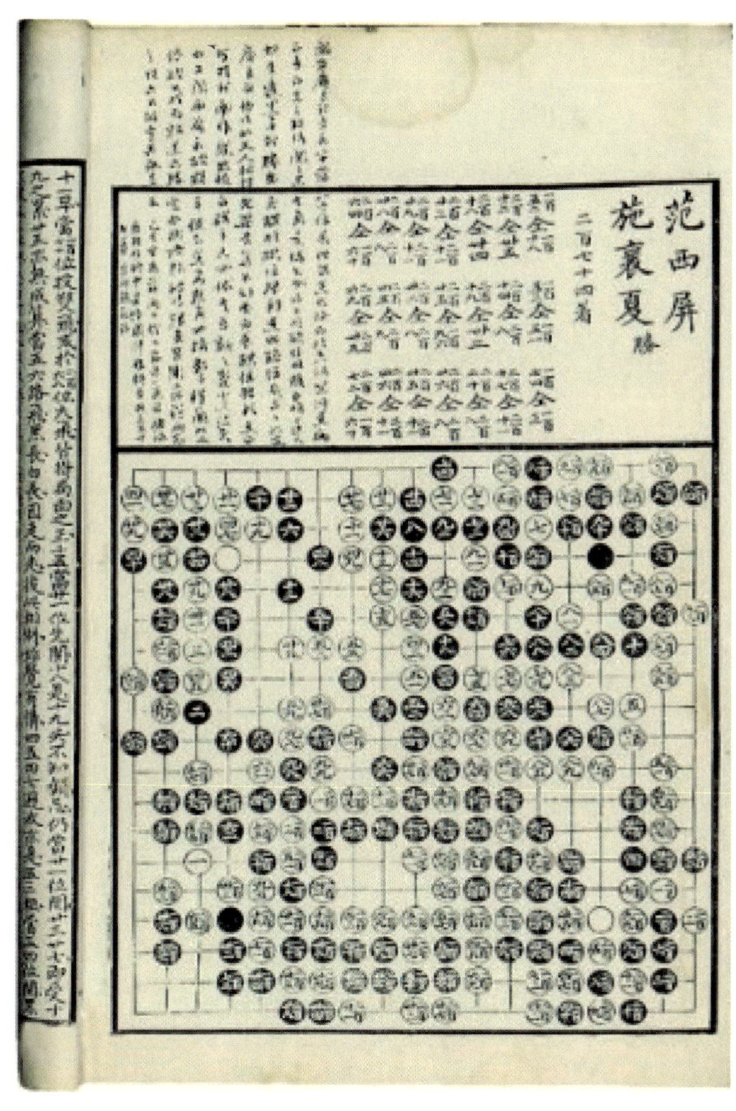
范西屏
施襄夏 胜
二百七十四着

“当湖十局”图册

围棋格言

围棋铭

诗人幽忆，感物则思。

志之空闲，玩弄游竟。

局为宪矩，棋法阴阳。

道为经纬，方错列张。

——相传为东汉・李尤所作

酒以不劝为饮，棋以不争为胜。

——明・洪自诚

温故知新

1. 围棋棋制在古代发生了哪两次重要变化？
2. 与同学们分享你知道的棋坛高手的故事。

棋道规范第一讲

优雅的落子

落子姿势，分解动作：

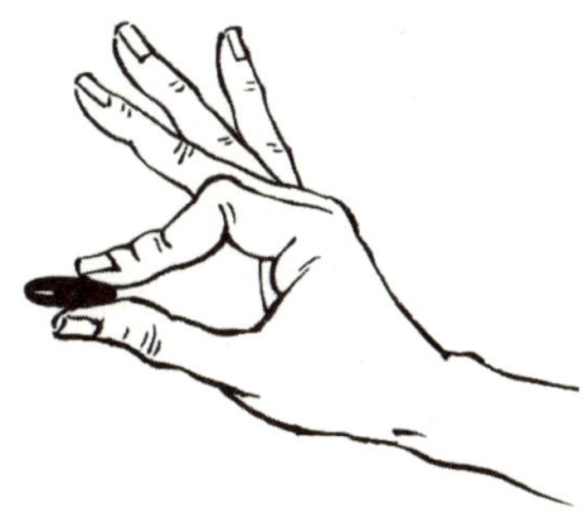

用拇指与食指从棋盒中抓出棋子

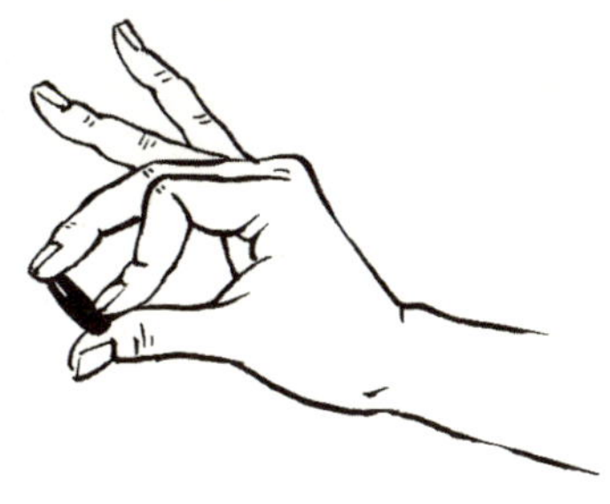

中指向前，食指退后，轻轻翻过棋子夹在食指与中指之间

中指在上，食指在下，夹住棋子

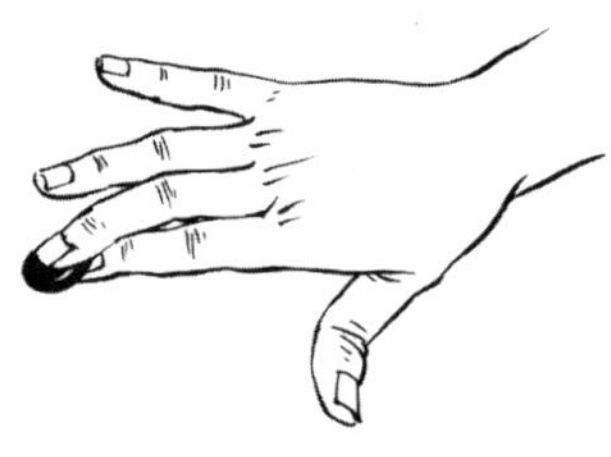

食指向前推，手掌打开将棋子轻轻落在棋盘之上

第二章　围棋与中国传统文化

第一节 围棋与兵法

◐导 入

小礼：“围棋在古代发展了这么长时间，为何能一直长盛不衰呢？”

乐乐：“因为我们聪明的古人早早就把围棋演化成了一种文化，而不仅仅是游戏。你看，古代经常有战争，围棋就被拿来训练人的战术、战略思维。”

小礼：“好像是呀，围棋对弈不正像是攻城略地嘛。”

新六艺学堂

一、战争原则和兵法被应用于围棋

自古围棋与作战就联系在一起，很多人将围棋看作模拟战争和学习兵法的游戏，兵法思想也自然而然地被运用到了下围棋中。

1. 围棋被当成模拟战争的游戏

与象棋不同，围棋的棋子只有黑白之分，没有等级之别，简单的规则却让它有了无穷的变化，其中魅力引人入迷。下围棋不仅仅是一种消遣，围棋与作战也具有一定的关联。

围棋的胜负以棋子占地的多少来确定，古代作战，大多也是以占领地盘为目标。下棋者则像双方军队的指挥官，运筹帷幄，决胜千里。

正因为围棋与战争这种奇特的相似性，曾有古人用“以子围而相杀，故谓之围棋”来解释围棋的本意，这就是把围棋看作模拟战争的游戏。他们认为围棋是原始部落共同商讨对敌作战计划的产物，部落首领们就地画图，用两种不同的小石子代替敌我的兵卒，就作战部署进行讨论，久而久之，围棋由此产生。这种说法虽没有实物根据，但确实比较符合围棋的基本原理。

东汉大儒马融在他的《围棋赋》里进一步说“三尺之局，为战斗场。陈聚士卒，两敌相当。怯者无功，贪者先亡”，在围棋之道和兵法之理间建立了具体联系。

2. 兵法被运用在围棋布局

提到作战，就会说到兵法，实际上，围棋的布局与兵法有相似之处。西汉末刘向曾作《围棋赋》，全文虽已经失传，但在唐代李善的《文选注》里还保留了一句："略观围棋，法于用兵。"可以说，这是现存可靠文献中，最早将围棋和打仗联系起来的段落。北宋棋手张拟就把兵法的思想用在围棋上，《孙子兵法》有十三篇，他就模仿《孙子兵法》的内容和体例，写了一部《棋经十三篇》，详细地阐述了围棋的棋理和下法。

敦煌发现的南北朝时期的《棋经》残卷，也将兵法思想用在下棋上，用《孙子兵法》去诠释诱征、势用、释势、棋制等围棋要诀，几乎将原本属于智力游戏的围棋当成了实战演练。

3. 古代战争中时常有围棋出现

目前已知的古代围棋理论著作，大部分都涉及围棋与治国治军的关系。而在历史上，许多重要的战争，都有围棋的影子。

三国时期，吴国与魏国襄阳之战，吴国主将陆逊在不利的战局下，终日与下属下棋，借此稳定军心，以进为退，最后在魏军眼皮底下得以全师而退。

晋朝的淝水之战中，东晋以八万人马打败了号称百万人马的前秦大军。当时，眼见前秦大军压境，前方将士鏖战，东晋负责军事的谢安，为了稳定军心，他镇定自若，一直与宾客下棋，前线捷报传来，他接过信看完，随手扔在一边，什么话也不说，继续下棋。这件事被传为千古佳话，人们大都佩服谢安，有大将之风。

捷报

二、围棋基础

1. 气

紧挨着棋子，与棋子直线相连的交叉点是棋子的“气”。“气”是棋子在棋盘上基本的生存条件。

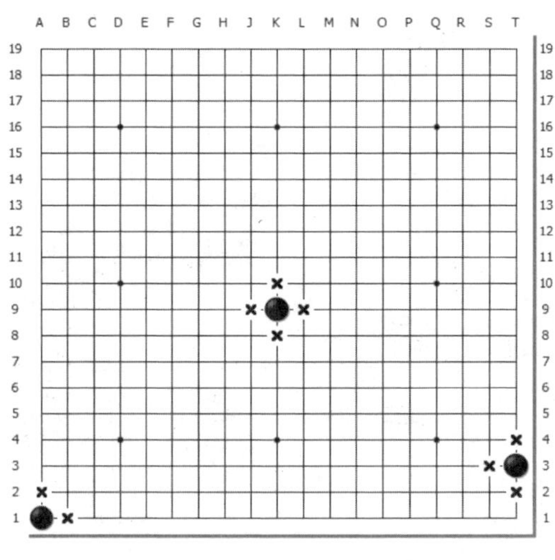

图例1

图中画×处为黑棋的气

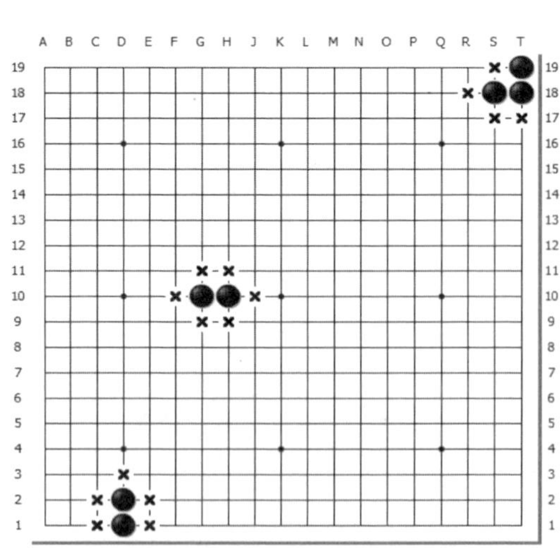

图例2

图中画×处为黑棋的气

习题 ①： 把下面黑棋的气全部标出来。

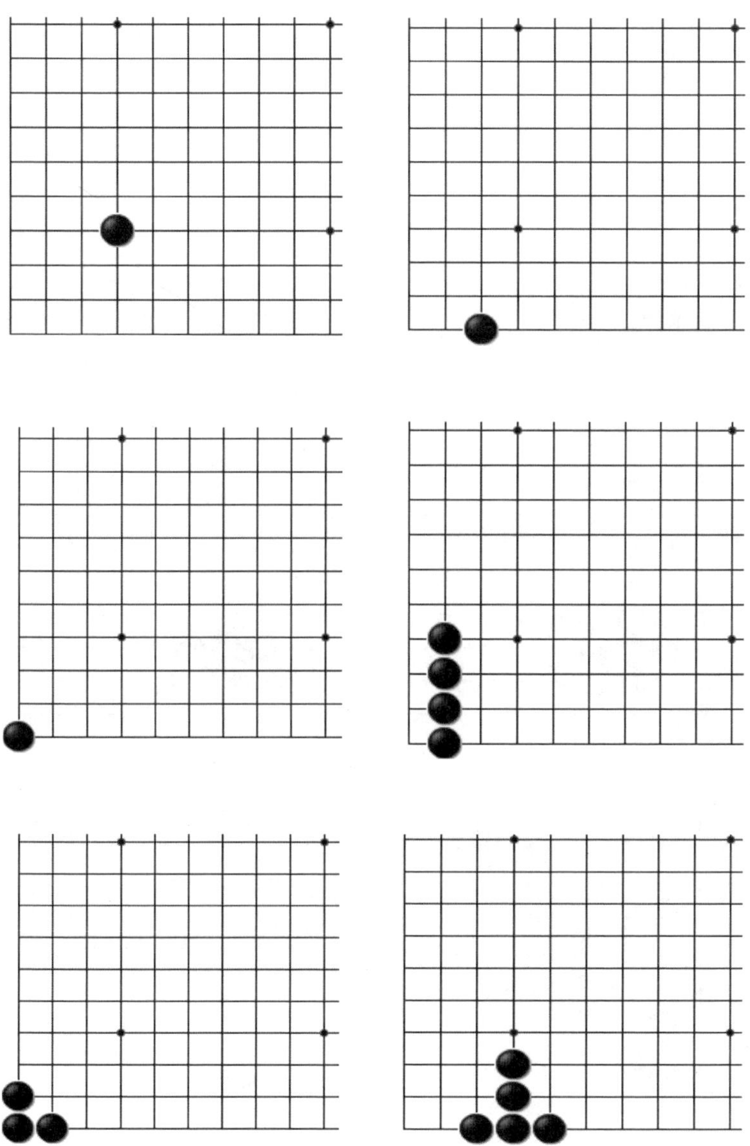

习题 ②：把下面带△的黑棋的气全部标出来。

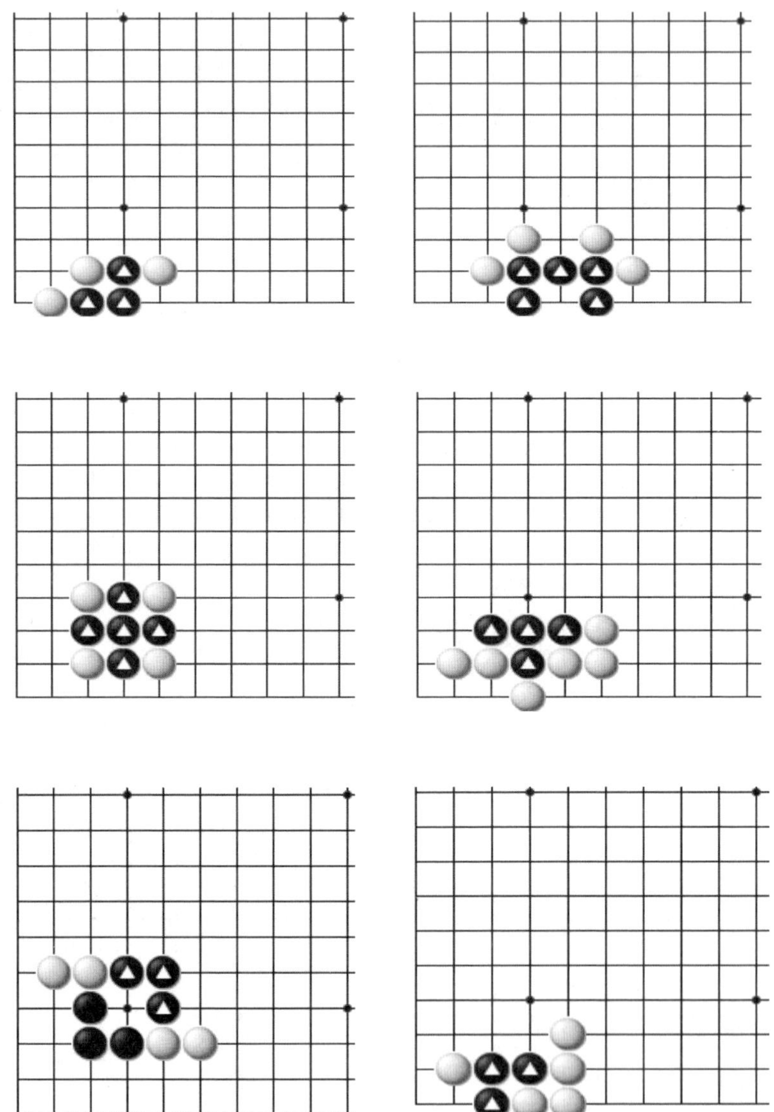

2. 提子、打吃

下子后，使对方只剩下一口气，称为“打吃”或者“叫吃”；棋子只剩下一口气时，即是“被打吃”；被对方棋子的气全部围住称为“吃子”，被吃掉的棋子必须拿出棋盘外，称为“提子”。

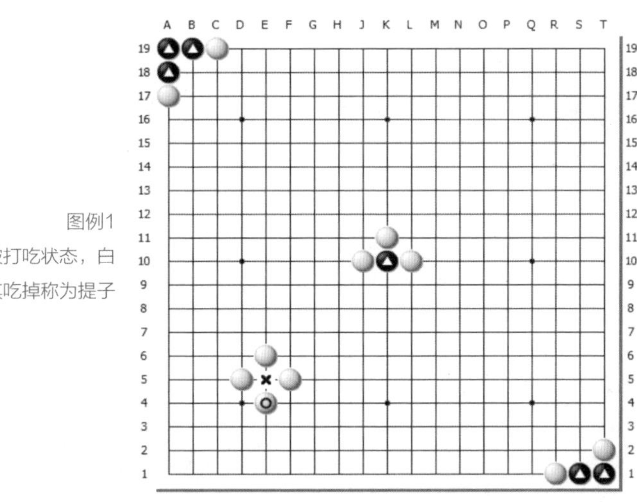

图例1

图中带△的黑棋是被打吃状态，白棋将其吃掉称为提子

图例2

图中带○的黑棋没有气了，需在棋盘中提子

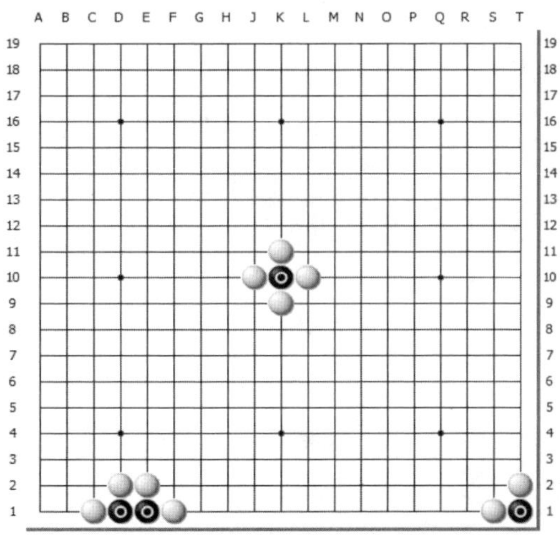

习题：请执黑落子，提掉被打吃的白棋。

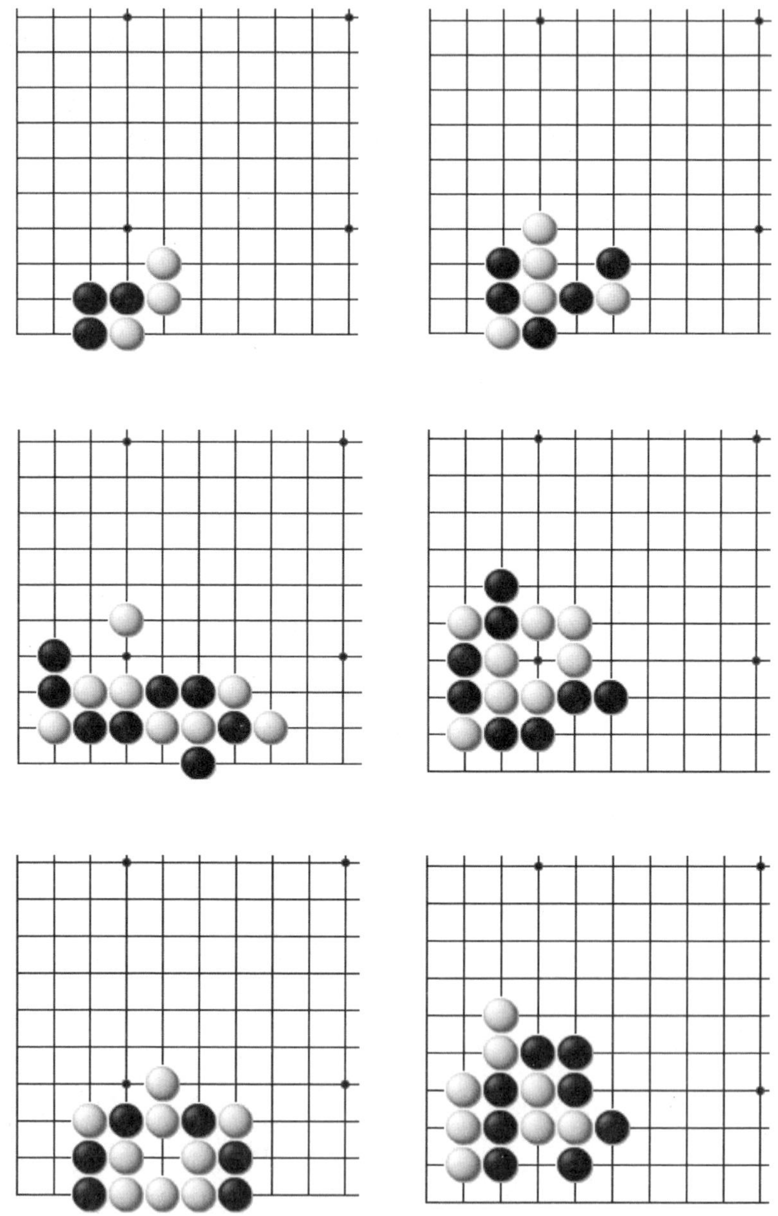

围棋故事

李世民一子定江山

相传，唐太宗李世民年轻时喜欢下围棋。当时正值隋朝末年，天下大乱，李世民常以下棋为名，和刘文静等心腹聚在一起，共商夺取天下的大计。

当时有个叫虬髯客的草莽英雄，与后来辅助李世民成就大业的李靖夫妇是好友。虬髯客就通过李靖转托刘文静，想讨教一下李世民的棋艺。其实，交流棋艺是虚，试探李世民才能是实。

刘文静当即请来李世民与虬髯客对局。虬髯客在棋盘的四个角上的四个星位上连摆四子，并说："老虬四子占四方！"非常规的下法，显示出了这位草莽英雄的率直豪爽本色。李世民心有所悟，只见他机智沉着地在棋盘的中央即"天元"的位置轻轻投了一子，若无其事地说："小生一子定乾坤！"谈笑间，两人落子成风，转眼工夫，棋势有了排山倒海的变化，先下了四个子的虬髯客反而苦居下风。战不多久，只见他惨然一笑，推开棋盘说："此局输了，无法挽救。"

一局之后，两人都对对方的志向、品性有了认可，虬髯客也就打消了与李世民争天下的念头。

围棋格言

1. 暂时和局部的胜利不等于最终的胜利；暂时和局部的失败不等于最终的失败。

2. 知道弃子就有飞跃，两军对垒气度为重。

温故知新

1. 有哪些著作将兵法思想运用于围棋?

2. 举例说明围棋与战争的类似之处。

第二节　围棋与人生智慧

导　入

小礼：“说了这么多围棋跟战争，但古代下围棋的可不是都喜欢带兵打仗啊，有很多文人也喜欢下围棋，这可怎么说？”

乐乐：“这难不倒我，在古人看来，下围棋还是一种人生境界。你现在一心想下赢对手，但高手往棋盘边上一坐，人家却是在体验人生。”

小礼：“原来里面还有这么多玄机呀。”

新六艺学堂

一、围棋的最高境界不是冲突搏杀，而是和谐

棋如人生，围棋除了需要智力，更需要人生智慧，好的棋手不仅长于计算，还在于有超脱的境界。下棋的目的不只在于输赢，更是一种人生体验。

1. 围棋是种文化艺术活动

围棋作为一种竞技，一种“战争游戏”，它首先追求的是胜负。但在古时，人们已经不仅把围棋看作“戏”，同时还把它纳入到“艺”的范畴。琴棋书画并称为四艺，而从本质上说，它们都是人的一种文化艺术活动。

围棋的别名很多，古代称为“弈”；后来下围棋叫“手谈”——通过手来交流沟通；也叫“坐隐”，这是特别有中国文化底蕴的名字——寄居棋局中就像在深山老林做隐士；围棋又叫“忘忧”，意思是下棋可以忘掉忧虑。以上这些都充分体现了围棋的中国文化的内涵。

2. 棋分九品，体现境界差别

职业围棋选手根据棋力高低被分为九段，其实早在隋唐时就制定了类似的九品：一品叫入神，二品叫坐照，三品叫具体，四品叫通幽，五品叫用智，六品叫小巧，七品叫斗力，八品叫若愚，九品叫守拙。

大意是，入神是棋下得最好的，出神入化，能加入神仙行列，算是上上。第二坐照，就是下棋不用劳神费力，随手应变，运用之妙存乎一心，算是上中。之后叫具体，即技术全面，遇战则战胜，取势则势高，能攻能守，但跟前两个比境界低了些，算是上下。下一档是通幽，找到了通向玄妙境界的法门，能洞悉围棋的深奥之处，算是中上。第五是用智，对围棋还没有深入的体悟，靠拼脑力计算，下出妙招，算是中中。下面叫小巧，缺乏大局观，在搏杀中施些小聪明，是低层次的智慧，算是中下。第七叫斗力，下棋喜欢靠蛮力缠斗，显不出智慧和技巧，算是下上。第八是若愚，布子看起来有些愚笨，但很坚实，对手不敢轻易冒犯，算是下中。最后是守拙，对手太强了，只能守着，让对手的妙招无法施展，算是下下。不过，最后两档的笨拙貌似不好，但大智若愚，大巧若拙，仔细揣摩，反而又是比较高的境界。

所以古代围棋虽然是一品最高，九品最低，但这九品又自有奥妙，对一个棋手的评价远非只看他是否精于计算，还包括棋手的境界，尤其是对围棋的感悟，这充分体现了中国文化和东方智慧的内涵。

3. 胜负不是下棋唯一的追求

很多人痴迷围棋，就在于围棋能集中体现下棋者的思想、判断与情绪，从布局到收官，下一盘棋就像走过了一个缩微版的人生。因此，在很多文人雅士看来，下围棋并不只在于去争胜负，而是去悟道，体验人生。

大文豪苏轼是个臭棋篓子，他说“胜固欣然，败亦可喜”，意思是赢了固然很高兴，输了也很愉悦。这是苏轼晚年的一句话，道出了围棋的奥妙所在。最早，人们只把围棋看成是小艺，越到后来，围棋就暗合了中国的文化精神。棋令人闲，棋令人迷，且棋局如世局，以棋论道，以棋观世，从棋子纠葛中，洞察世事纷争，引人去悟道品世，这才是围棋的文化意义。

围棋是一种胜负的艺术，但如果棋手将胜负当作了唯一的追求，那就把围棋狭隘化了。一直以来，人们好将棋手分为求道派和胜负派。求道派以追求艺术境界为主要目的，讲究最高的子效、最优美的棋形、最猛烈的攻击、最华丽的腾挪、最出其不意的手筋和最没有遗憾的棋局。胜负派则以胜利为目的，一切计算只为求胜。日本著名棋手大竹英雄被称为围棋界的“美学大师”，极端看重围棋棋型的完美，他说：“能力强的人下的棋，棋型上没有什么废招；而能力弱的人下的棋，有很多的废招，没有废招的棋型才有美感。”

中国古人也不屑于将围棋仅仅当作争胜之道，而是要“仁”“礼”“和”，即便要赢也不贪胜，赢多了，那叫“嗜杀”，非君子所为。这体现了一种和谐的思想。

二、围棋基础

1. 逃

棋子被对方吃掉之前，通过长气的方法脱离危险称为“逃”。

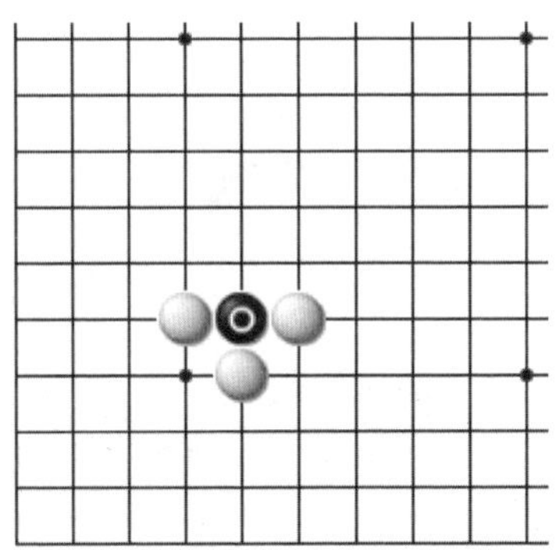

图例1
图中黑棋只剩下一口气

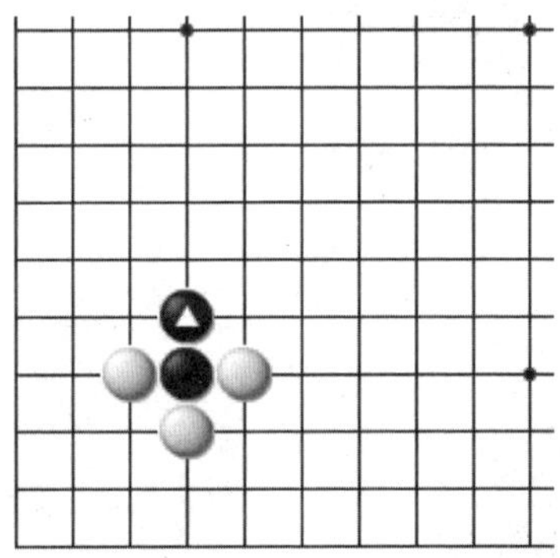

图例2
图中黑棋通过长气逃跑

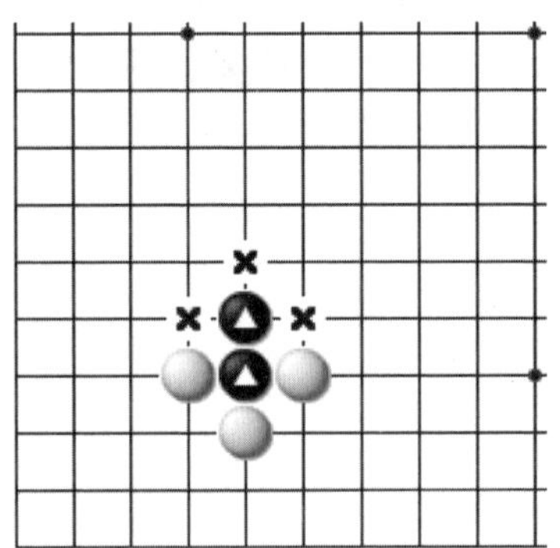

图例3
逃完之后变成了三口气

习题：请帮助黑棋逃跑。

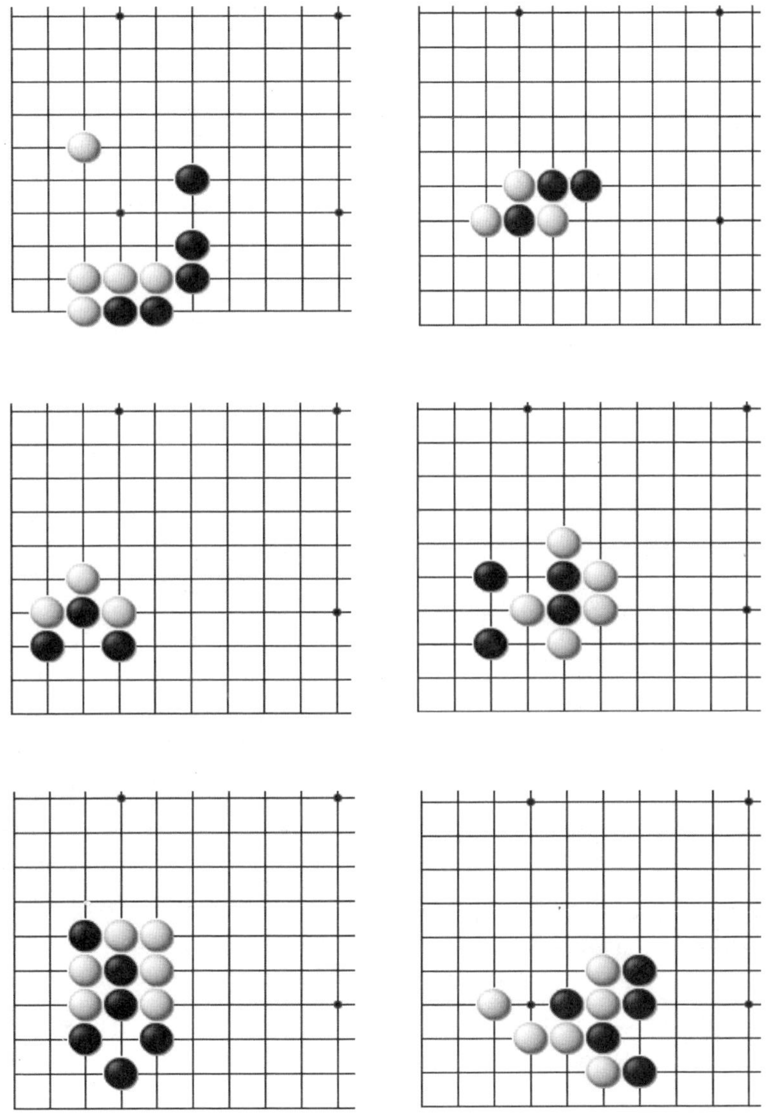

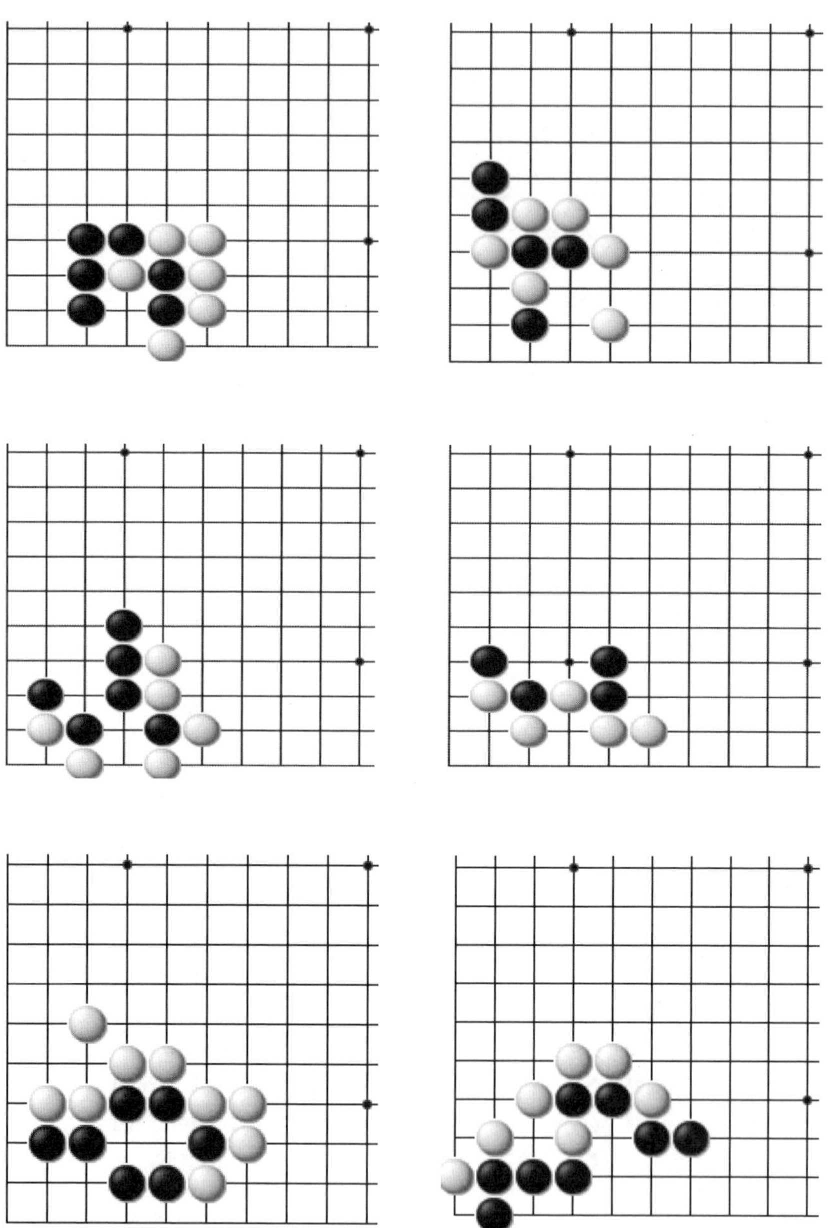

2. 双方互打

黑棋与白棋互相都被打吃的形状叫双方互打。

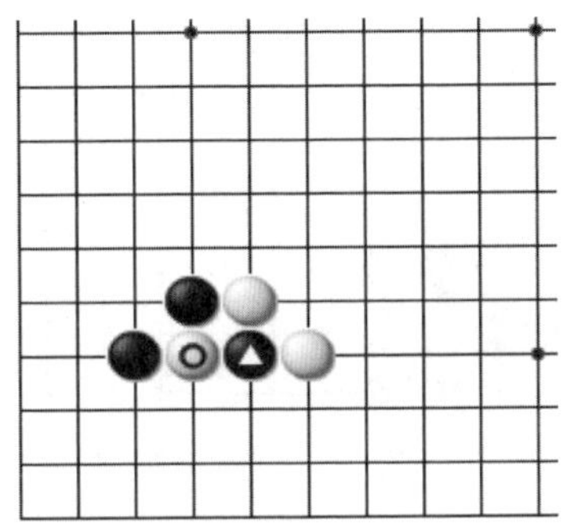

图例1

图中黑白双方形成了互相打吃的状态

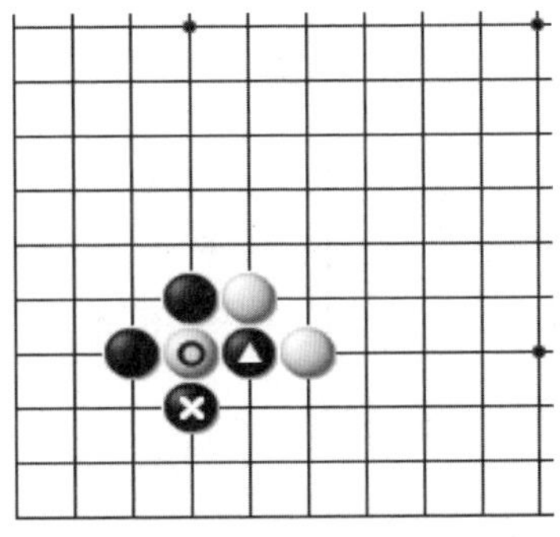

图例2

黑先走，黑把白棋吃掉，自己脱险

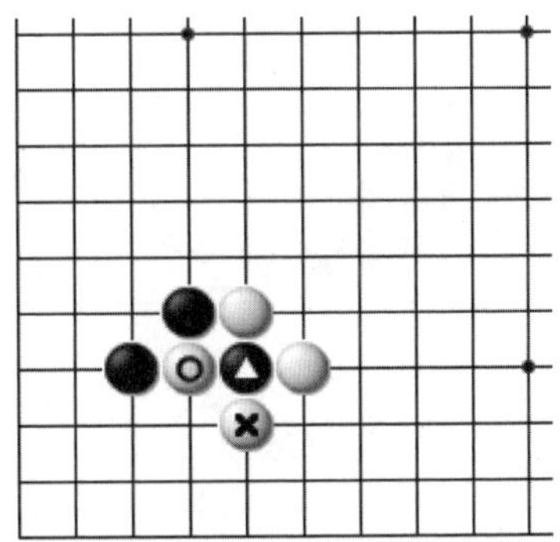

图例3

白先走，白把黑棋吃掉，自己脱险

习题：黑先，找出双方互打的棋子，并吃掉白棋。

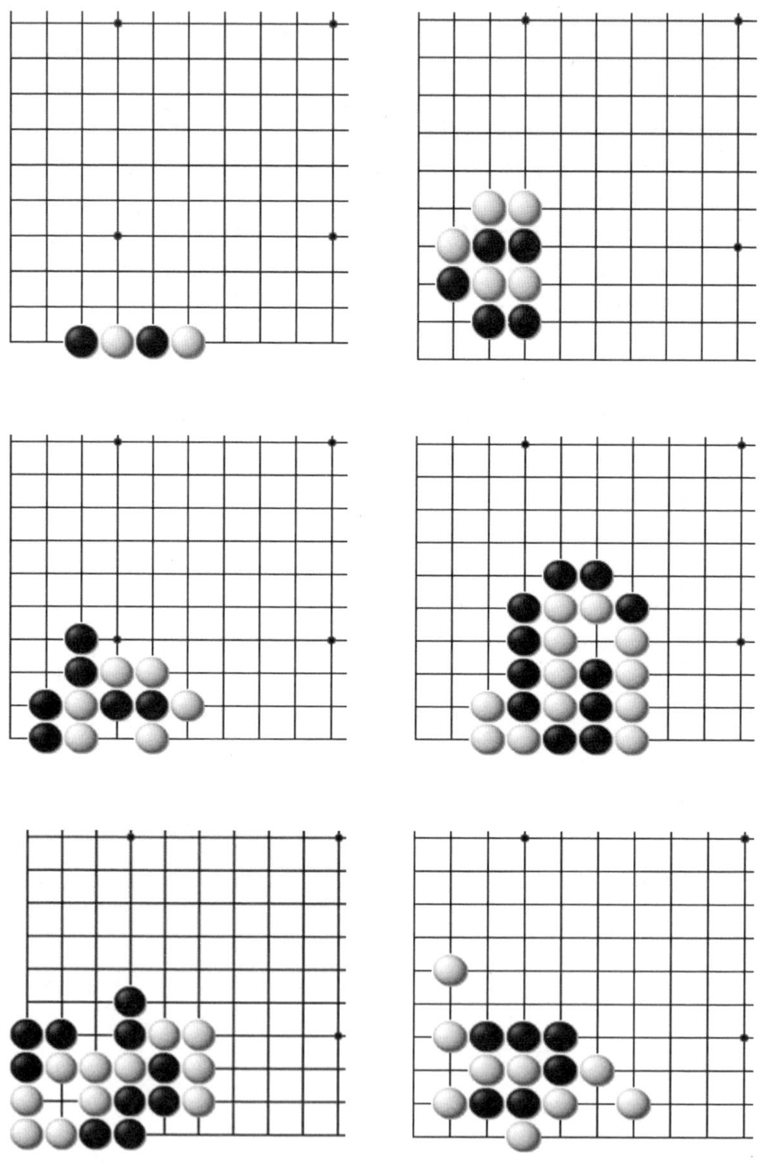

3. 连接和虎口

把自己分散的棋子进行连接称为连。连接之后的棋将变得更加坚实。

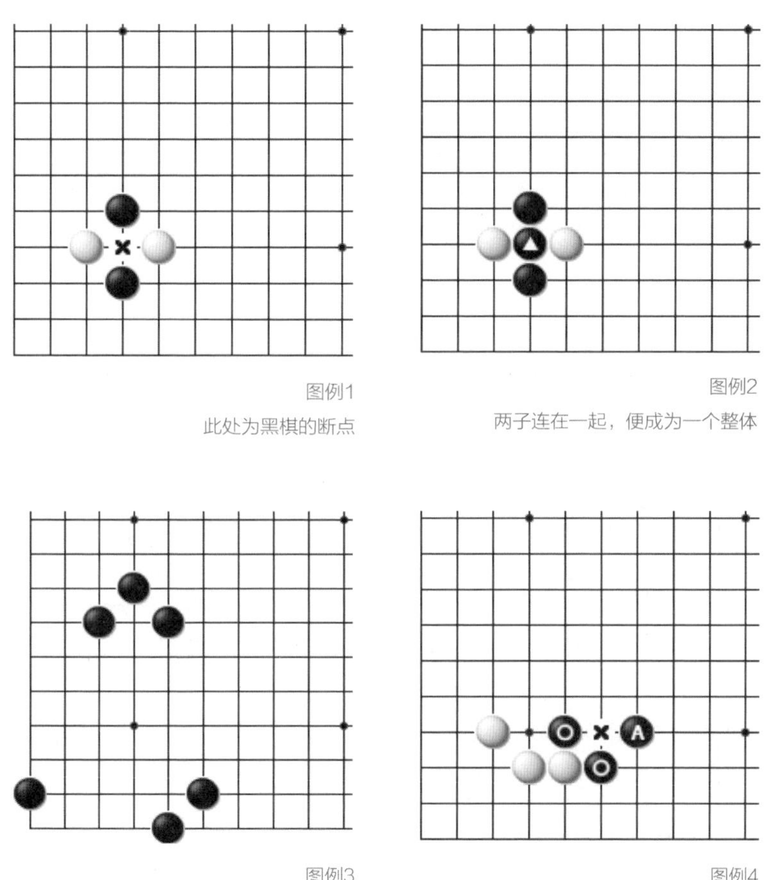

图例1
此处为黑棋的断点

图例2
两子连在一起，便成为一个整体

图例3
此图三种棋形叫“虎口”

图例4
此处可通过“虎口”连接

习题 ①：请连接黑棋。

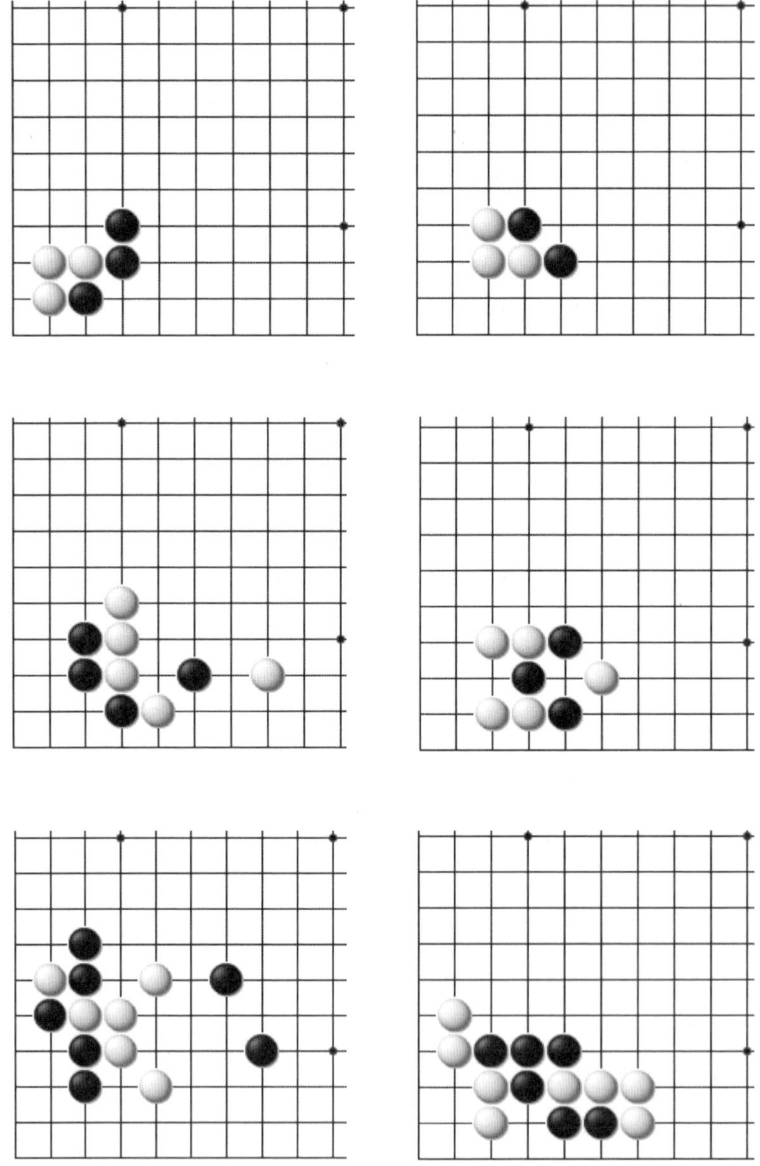

习题 ②： 请用虎口连接黑棋。

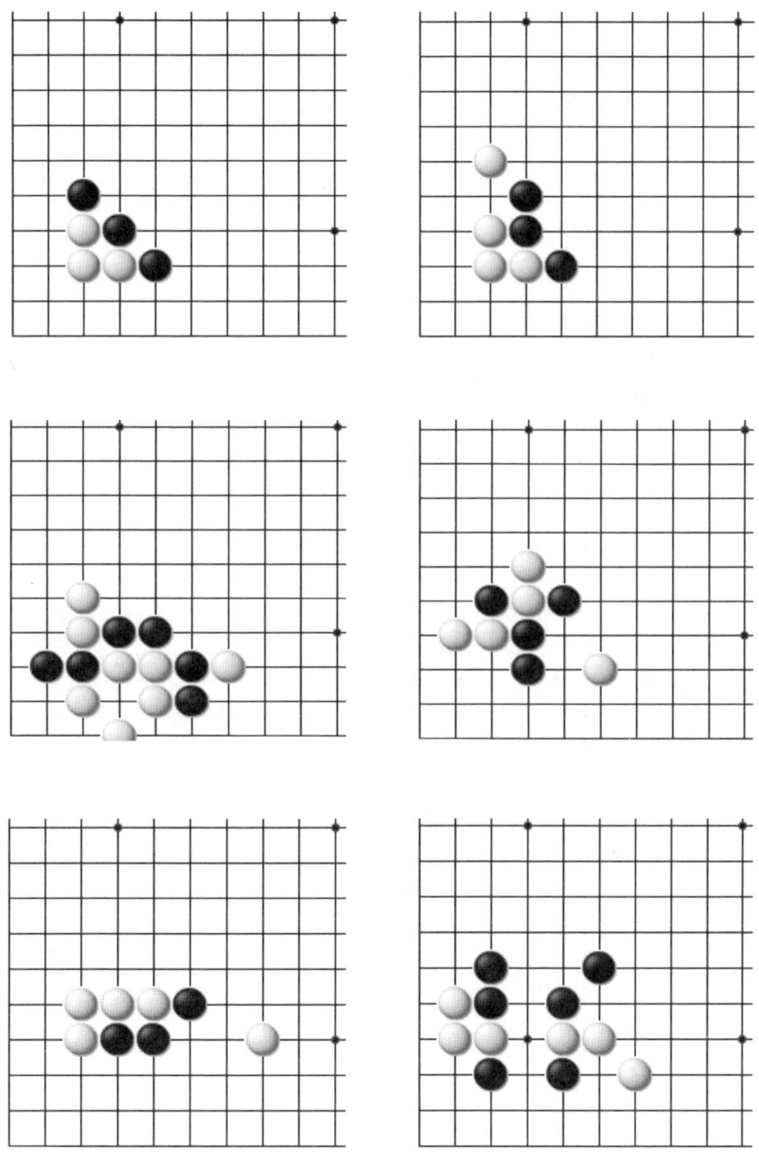

4. 分断

直接断开对方棋子之间的联络，将对方棋子分散的方法叫分断，连接自己的棋子，切断对方的棋子，是下好围棋的要领。

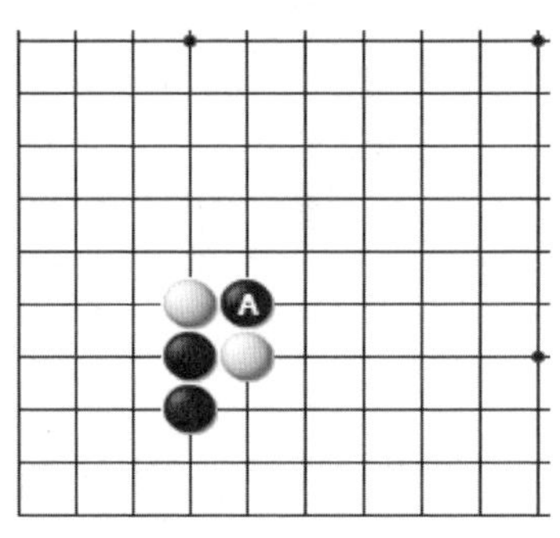

图例1

黑A下在白棋的断点上

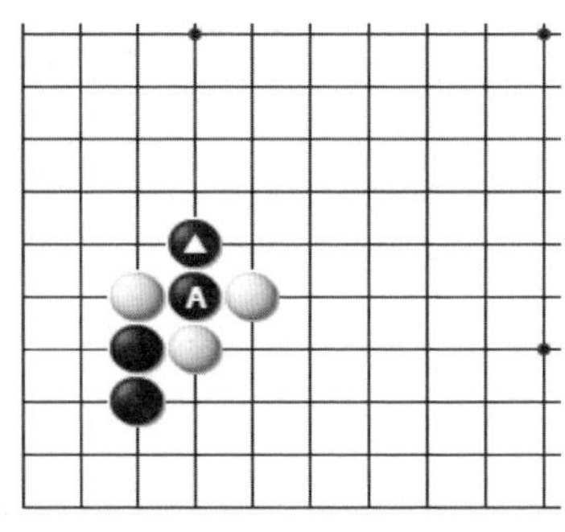

图例2

黑棋把白棋分断，被分断的白棋变弱

习题：请分断白棋。

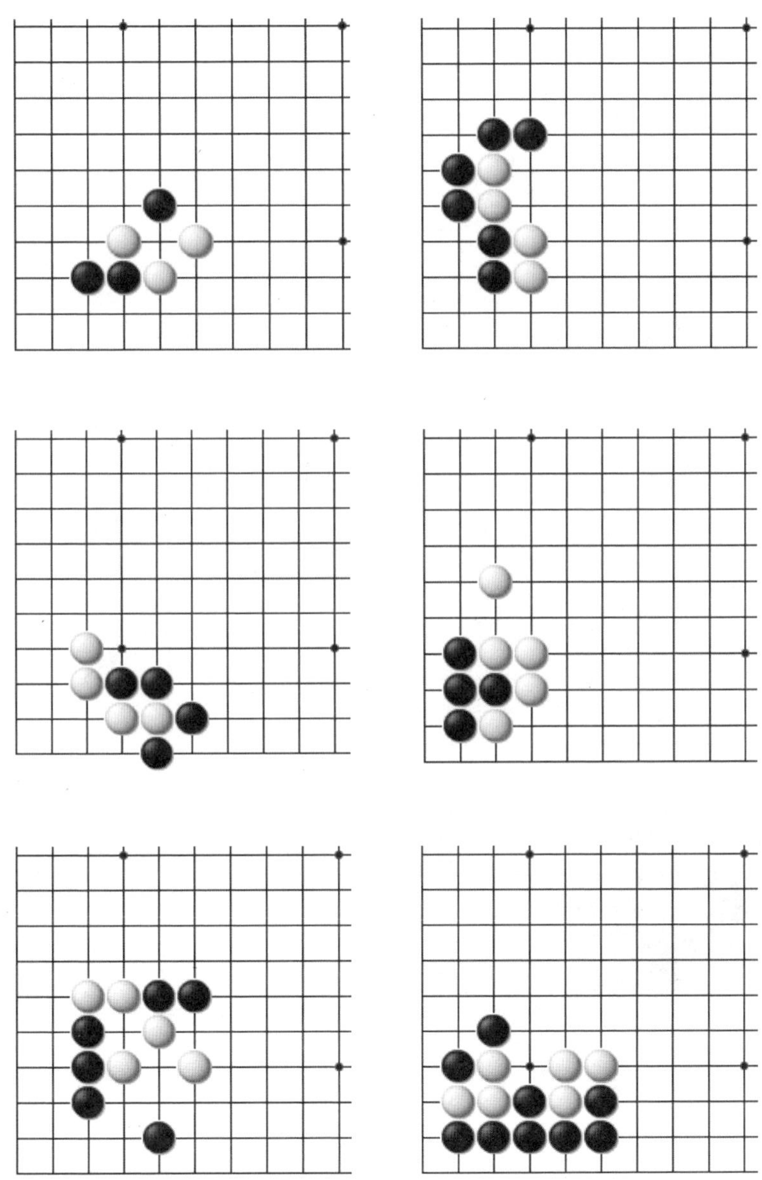

5. 禁着点

禁着点是指棋盘上没有气的地方不能下子。但下在没有气的地方，能吃掉对方的棋就不是禁着点。

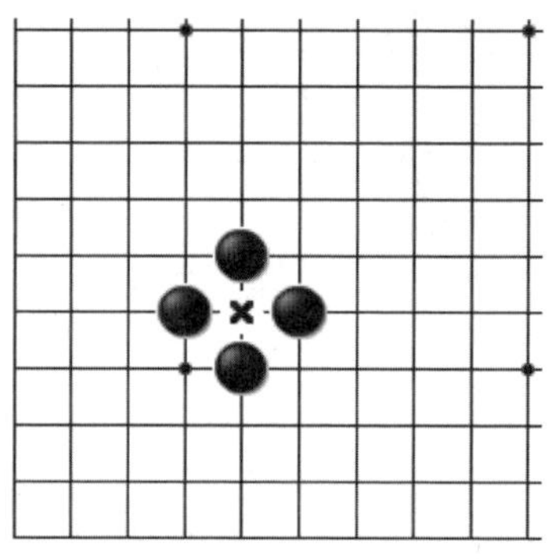

图例1
棋盘上没有气的地方不准落子，
此处白棋放入，没有气等于自杀

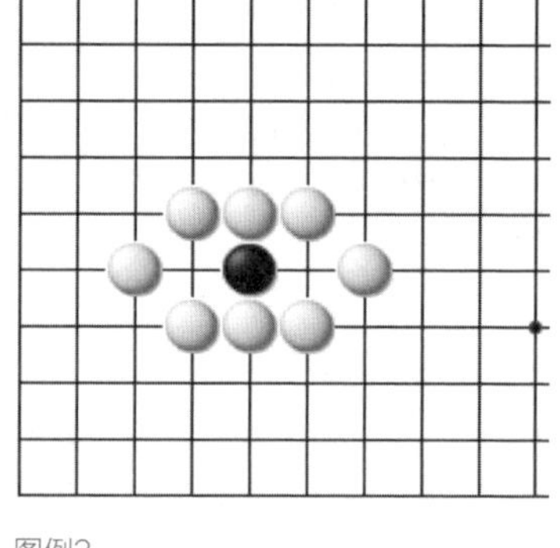

图例2
放进去有气的地方可以落子

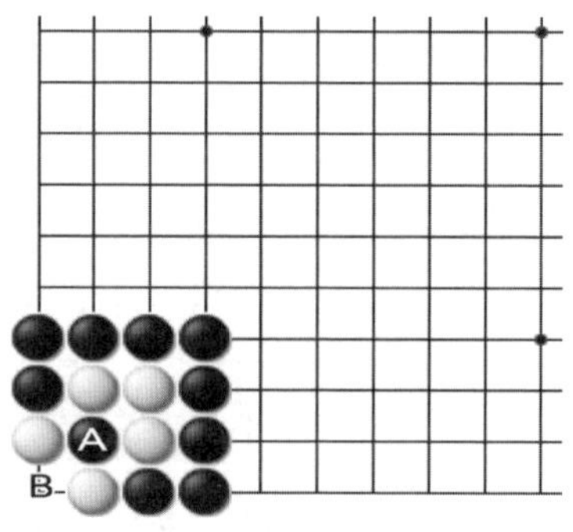

图例3
黑A放在此处，可将白三子吃掉；B位，属禁着点，不可以落子

习题：黑A放进去是否成立，成立打√，不成立打×。

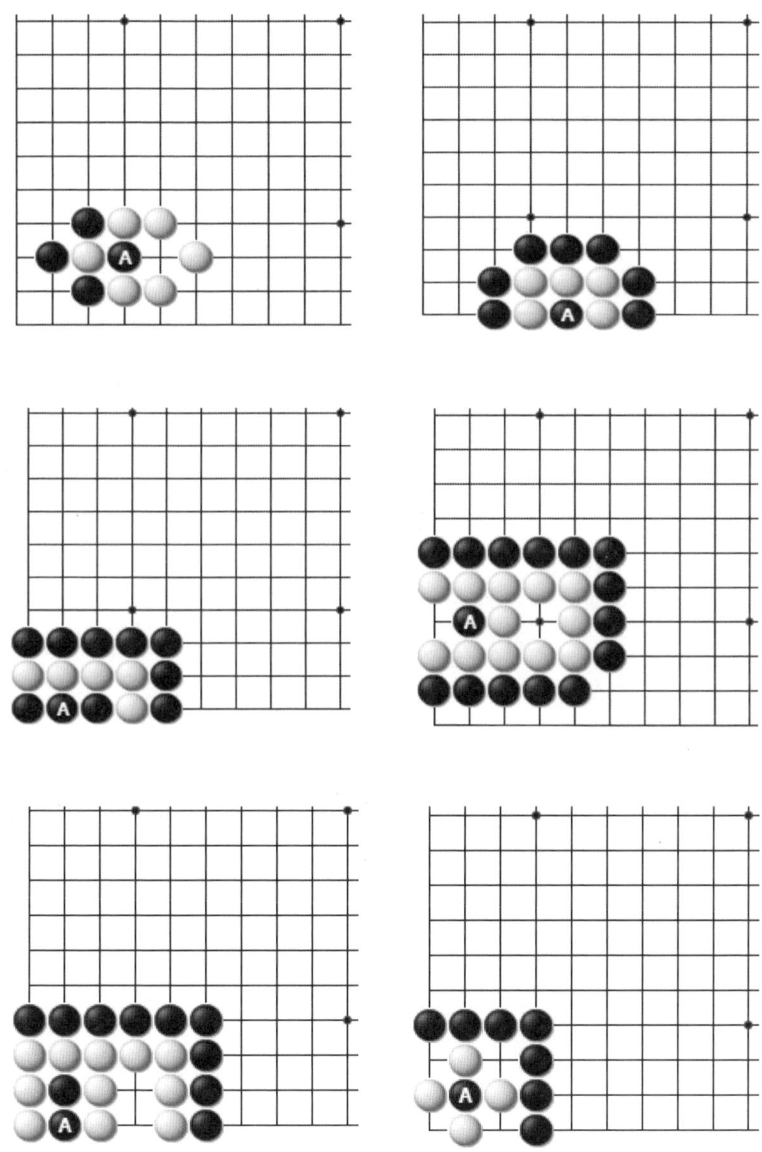

6. 打劫

双方都可以反复提取对方棋子的情况称为“劫”。围棋规则规定：形成“打劫”时，一方提子后对方不能马上回提；而反提不具有循环反复的特点，是吃子的基本技巧之一。

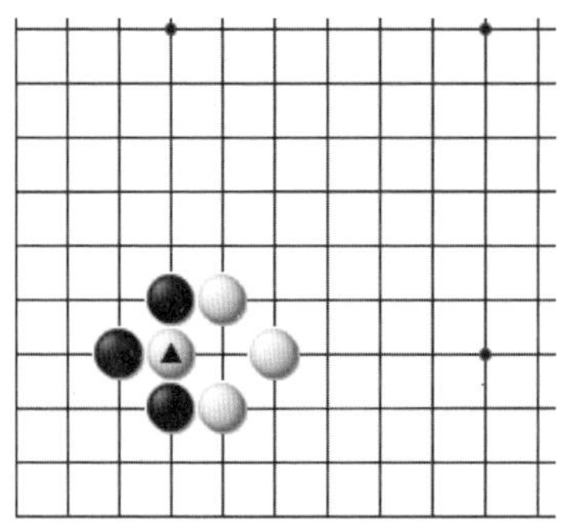

图例1
带▲白棋处于被打吃的状态

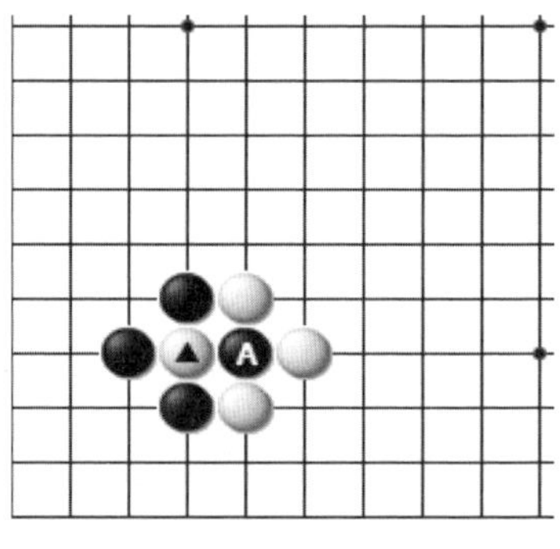

图例2
黑A将带▲白棋吃住

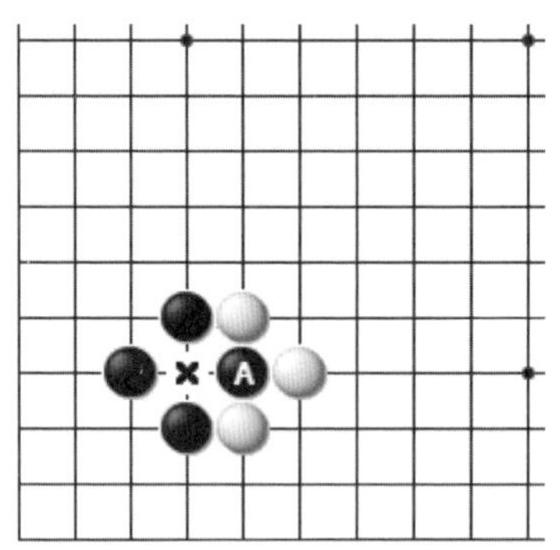

图例3
白棋不可立马返回吃黑棋，否则会形成循环反复，棋将无法下完

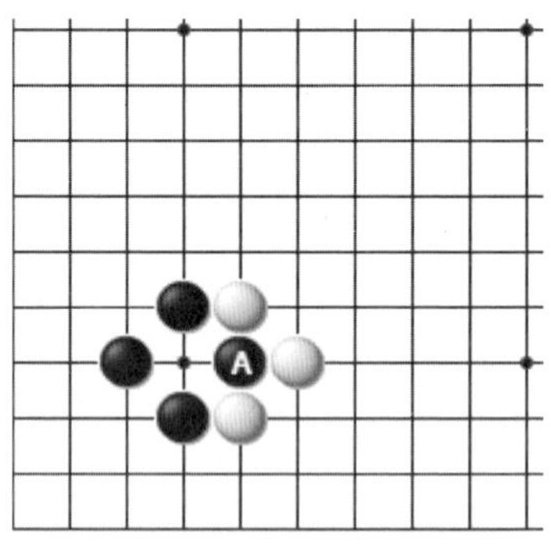

图例4
白棋需找劫材，去别的地方行棋

习题：是劫打√，不是劫打×。

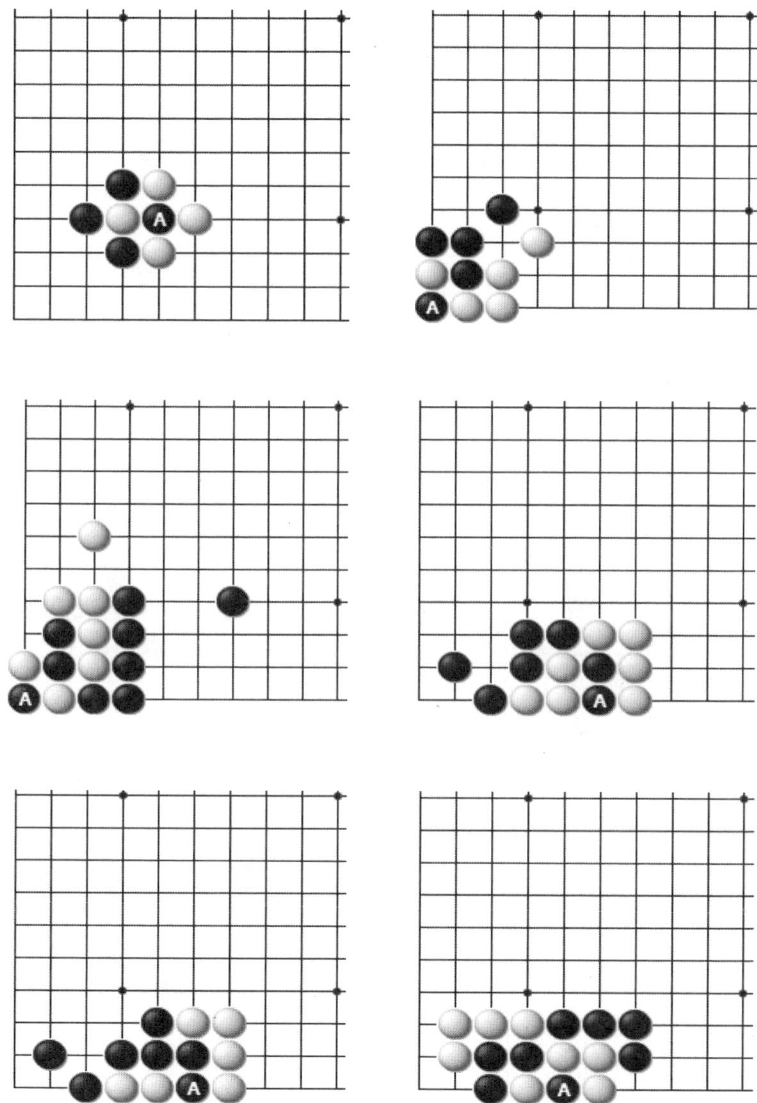

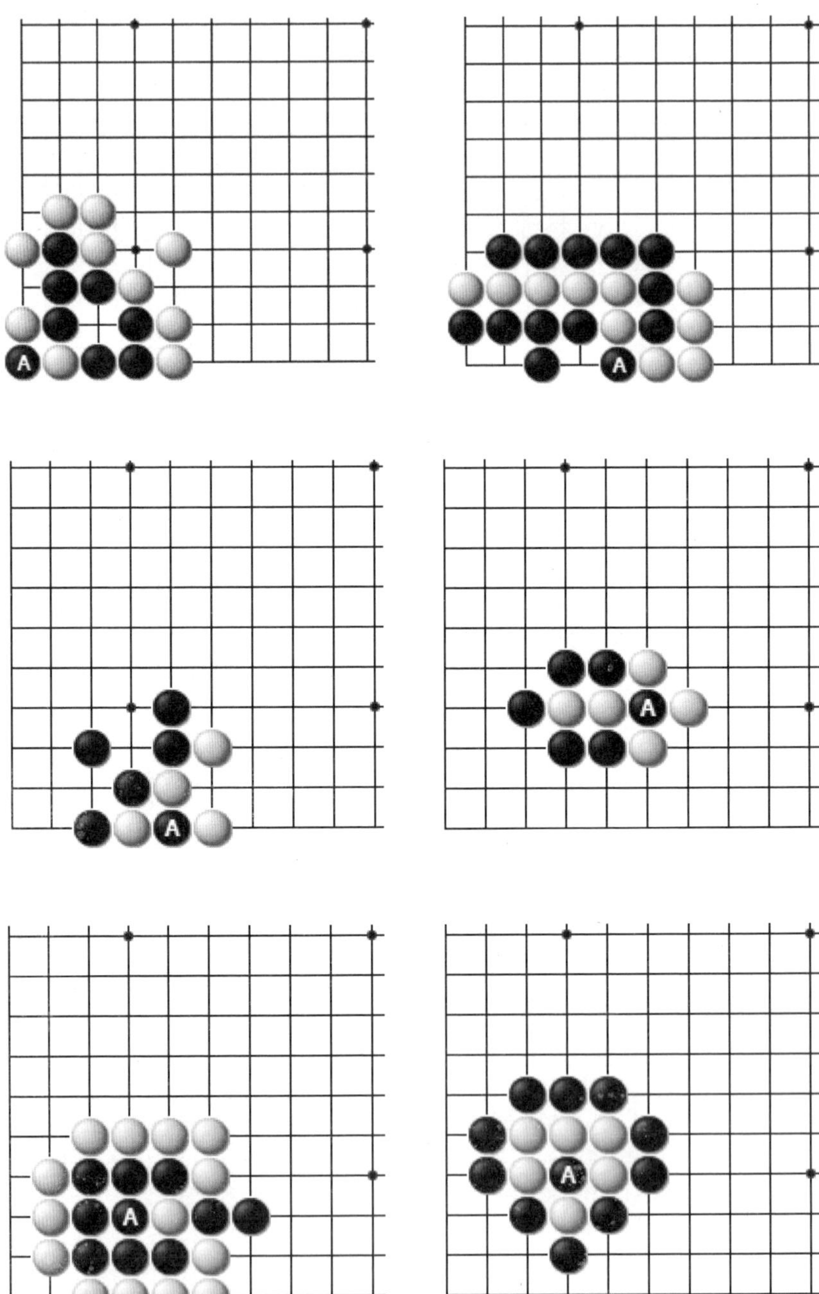
A
A
A
A
A
A

围棋故事

王积薪仙师授艺

王积薪是我国唐朝时的大国手，著名的“棋待诏”，传说，他高超的棋艺，是从神仙那里学到的。

王积薪初时下棋并不出色，但兴趣极大，晚上做梦都是围棋。一天夜里，他梦见一条青龙盘旋于屋顶，龙嘴一张吐出了九部棋经。王积薪把九部棋经从前到后看了一遍，内容全记下来了。梦醒后，他就照梦中的记忆把棋经内容默写出来，从此每天钻研学习，棋艺精进，不久被聘为“棋待诏”，成为当时的国手。

王积薪晚年遇到“安史之乱”，他随唐玄宗往四川避难。途中，有一天独自外出，也不知走了多远，天都黑了，只好借宿山中一位老妇人家。

晚上，住在西屋的老妇人说：“夜深人静，难以入睡，我们下一盘棋如何？”东屋的儿媳妇说：“那好啊！深山夜寒，正好遣兴。”王积薪一听很是惊奇，没想到深山中还有人会下围棋。再一看，两个屋子都黑着灯，而且两人各在一屋，这棋怎么下呢？

正在纳闷，儿媳妇说：“我走东5南9路。”老妇人说“我应东5南12路。”王积薪知道她们在下盲棋，就赶紧拿纸笔将婆媳说过的棋谱记录下来。他竟然发现，两人用的是从没有见过的奇招。下到第36招，婆婆说：“这盘棋你已经输了，不用再下了吧？”媳妇过了一会儿回答说：“是的，咱们不下了。”

天亮后，王积薪向婆媳俩请教。老妇人见他心诚，就讲解了下的那局棋，说：“你会了这些，就能天下无敌了。”说完，房子和婆媳两人都不见了。王积薪这才知道遇到了神仙。

后来，王积薪把婆媳俩下过的36着棋取名“邓艾开蜀势”，细细揣摩，棋艺又进了一个境界。

相传，王积薪还根据前人和自己的经验，总结出了影响深远的“围棋十诀”：

不得贪胜；入界宜缓；
攻彼顾我；弃子争先；
舍小就大；逢危须弃；
慎勿轻速；动须相应；
彼强自保；势孤取和。

围棋格言

1. 行一棋不足以见智，弹一弦不足以见悲。

——西汉 · 刘安

2. 在广阔的世界里谋求和谐。

——吴清源

温故知新

1. 按照古人的棋品制，围棋都有哪些不同境界？

2. 谈谈对求道派和胜负派的理解。

棋道规范第二讲

鞠躬行礼

鞠躬礼起源于中国，是中国、日本、韩国等国家传统的、普遍使用的一种礼节。鞠躬主要表达“弯身行礼，以示恭敬”的意思。鞠躬的程度表达不同的意思。如：弯15° 左右，表示致谢；弯30° 左右，表示诚恳和歉意；弯90° 左右，表示忏悔、改过和谢罪。

行鞠躬礼的要领：

（1）脖子不可伸得太长，耳和肩在同一高度。

（2）保持正确的站立姿势，两腿并拢，双目注视对方的胸部，随着身体向下弯曲，双手逐渐向下，朝膝盖方向下垂。

（3）行鞠躬礼时务必注意，绝不能够把手插在衣袋里，那是极为失礼的行为。

（4）行礼时须脱帽，取立正姿势，身体向前倾斜15° 左右。

棋道中哪些地方需要行鞠躬礼？

（1）老师进教室，准备上课。全体起立，向老师行鞠躬礼。

（2）向老师行过鞠躬礼后，同桌之间，行鞠躬礼。

（3）对弈前，对弈双方行鞠躬礼。

（4）对弈结束，对弈双方收拾完棋子，行鞠躬礼。

小提示：从心里尊重对手，是真正不惧怕对手的最好表现。

第三章　我国围棋的近现代发展

第一节　我国近代围棋的发展

导　入

小礼：“现代人下围棋是不是更厉害呢？”

乐乐：“祖先给我们留下了很多围棋的理论，还有棋谱，我们站在他们的肩膀上，才能看得更远。”

小礼：“呵呵，学完围棋与传统文化，你讲话都这么有境界了。”

新六艺学堂

一、近代围棋的中日之争

近代，中国围棋步入下坡路，日本的围棋却大放异彩。于是，中国棋手纷纷开始学习日本棋艺，吴清源赴日学围棋后，很快崭露锋芒，并不断挫败日本顶尖棋手，纵横日本棋坛几十载。

1. 清末掀起学习日本棋艺的风气

可以说，正是清代国运不断衰落，才导致国内围棋水平节节下降。而与此同时，日本的围棋却蓬勃兴起。

1909年，日本围棋高手高部道平来到中国，战胜了包括段祺瑞在内的多位中国名手，将对手纷纷降至让子，显示出日本职业棋手的先进技术和扎实功力。此后，高部道平还多次访华。他的来访，揭开了近代中日围棋交流的序幕。

时代在剧变，中国围棋也开始除旧布新的变革。清末民初，正值中国围棋的传统“旧法”（置有“座子”的旧式棋法）与“新法”（废除“座子”的现代棋法）交替的时期，随着中日棋手之间的接触交流及大量对局，中日双方棋力悬殊的实况大白于天下。棋界掀起了一股学习日本棋艺的新风，效果立竿见影，民国期间中国围棋水平比清末精进了不少。

再加上民国时期报刊盛行，出版的围棋书谱与有关著作种类繁多，大致分编译日本棋谱、介绍中日交流对局、翻印古谱等，涉及面相当广泛，为宣传围棋提供了很大便利。不过，因为社会动荡，全国性的围棋活动一直很难展开。

2. 吴清源赴日学棋，称霸日本棋坛

这一时期，不得不提到天才棋手吴清源。吴清源1914年出生于福州，凭借从日本留学归来的父亲带回来的几本棋谱自学成才，12岁就成为京城第一高手。当时的北洋政府总理段祺瑞爱其才，将吴清源聘为座上宾，还每月资助他100块银圆，让他安心学棋。

后来，多位日本专业棋手来北京，与已有“神童”之誉的吴清源对局，对他的棋才惊叹不已，归国后广泛宣传，一时间吴清源引起了众多日本棋家的关注。1928年，在日本棋界、商界有识之士的资助下，吴清源得以赴日学棋。

1933年，年仅19岁的吴清源运用自创的“新布局”，对阵日本围棋第一人本因坊秀哉名人。这局棋下了3个月，吴清源最终以2目惜败。秀哉名人保住了最后的颜面，而吴清源的名气却已传遍日本棋坛，由此翻开了围棋史上崭新的一页。

1939年到1956年，在围棋史上，被称为“吴清源时代”。二战初期，在日军铁蹄肆虐中国和东亚大陆的同时，吴清源在日本本土上孤军奋战，仅凭个人之力，在震古烁今的十次十番棋中，战胜了全日本最顶尖的七位超级棋手，并把所有对手打到降级，成为当之无愧的棋坛第一人，被誉为“昭和棋圣”。

虽然吴清源后来加入了日本国籍，但日本人始终认为他是中国人。他不仅在十番棋擂台上击败了当时所有的超一流棋手，而且还提出了新布局理论，革除了许多过去平庸的定式下法，对围

棋理论的发展起到了举足轻重的推动作用。

二、围棋基础

1. 向一线方向打吃、向己方方向打吃

要想吃掉对方的棋就要注意打吃的方向，打吃准确才能有所收获。

（1）向一线打吃。

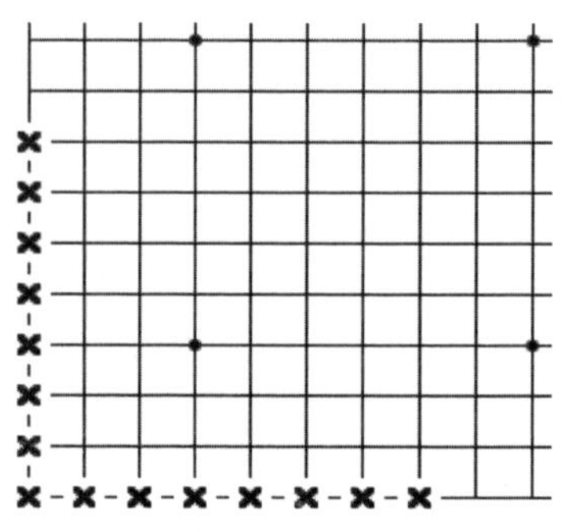

图例1

棋盘最外围的线为一线

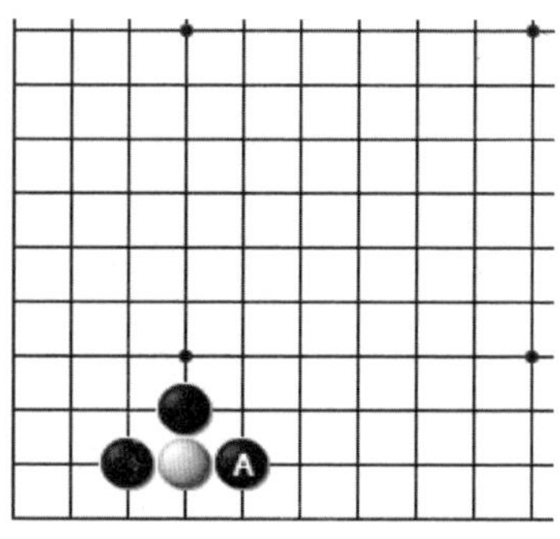

图例2

黑A把白棋向一线方向打吃

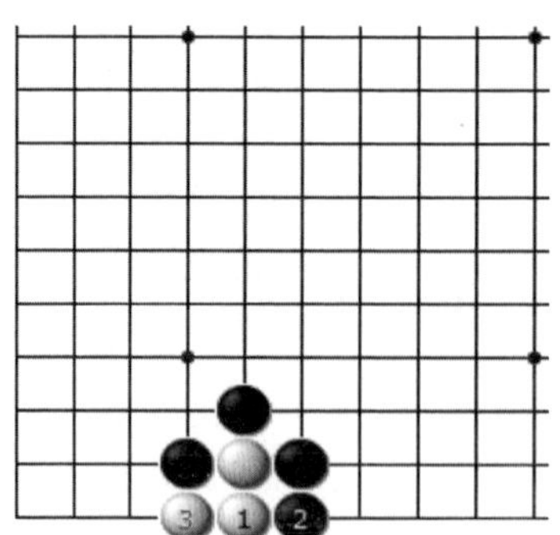

图例3

白棋向一线逃不掉

习题：将白棋向一线方向打吃。

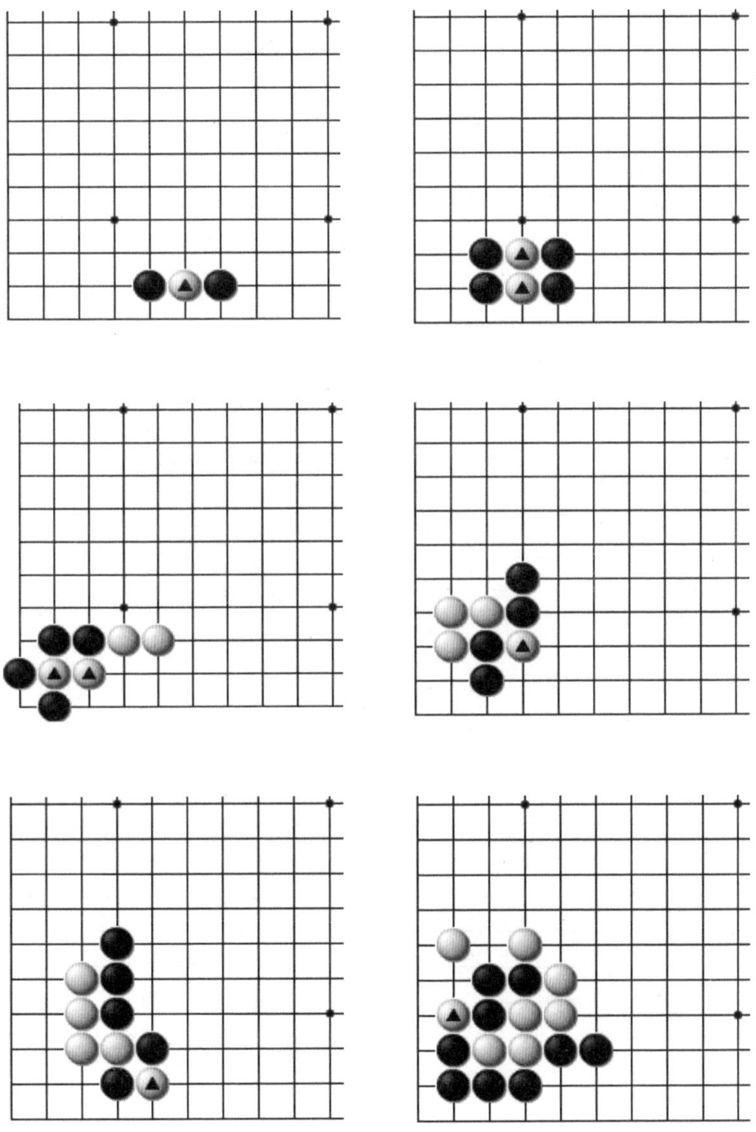

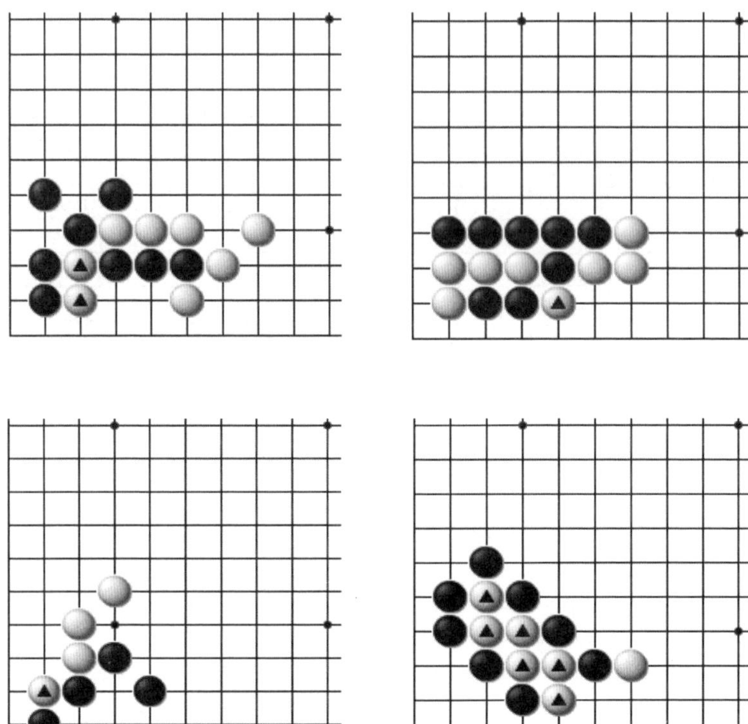

（2）向己方方向打吃。

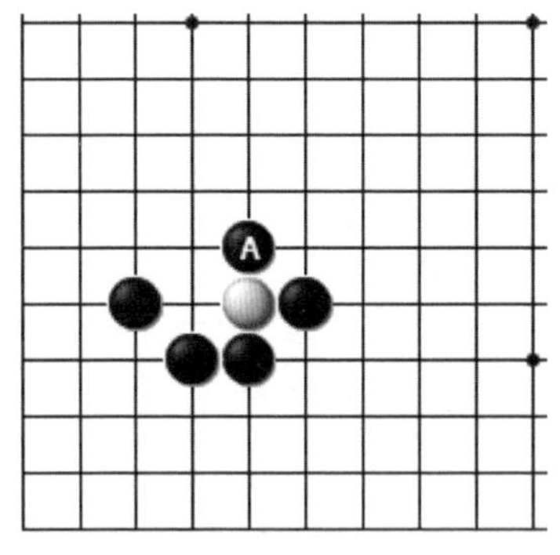

图例1

黑A将白棋向己方方向打吃

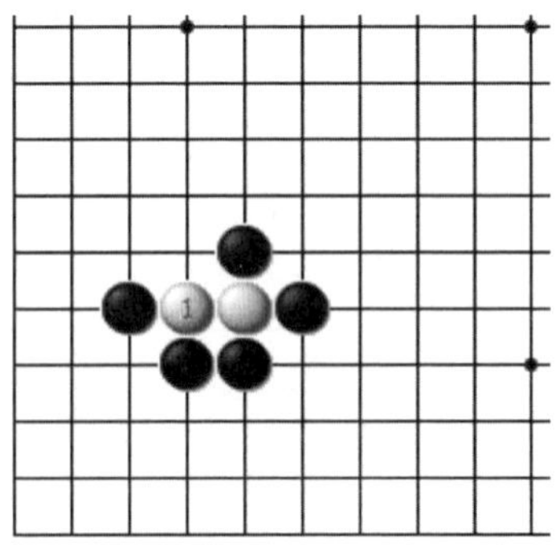

图例2

白棋逃完还是一口气，逃不掉

习题：请将白棋向己方方向打吃。

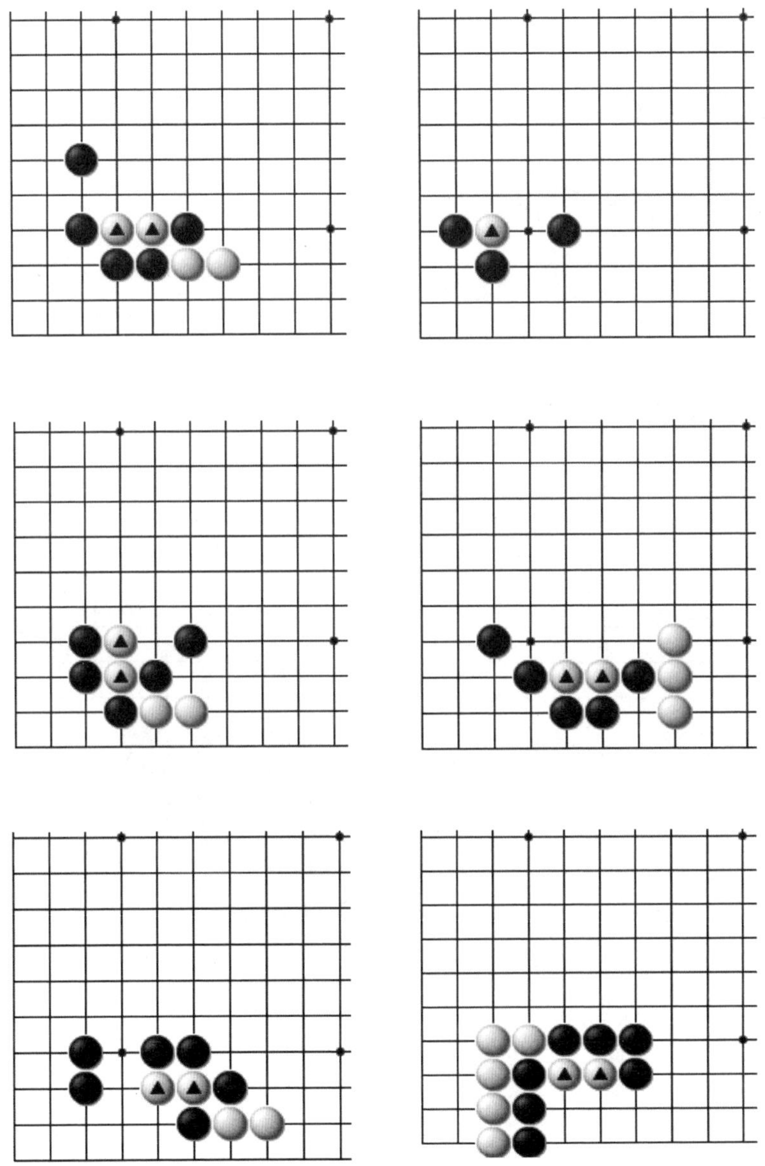

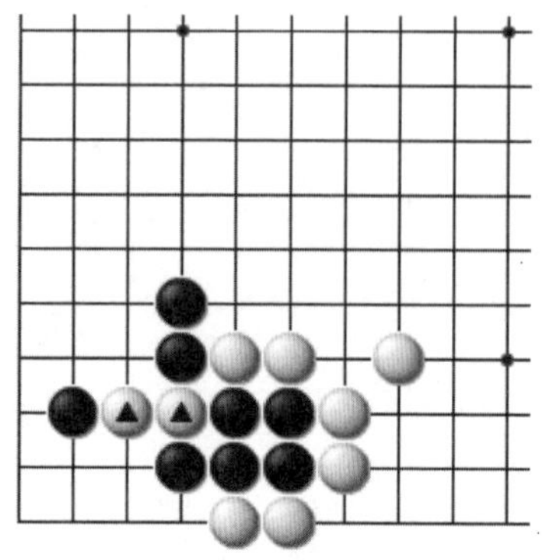

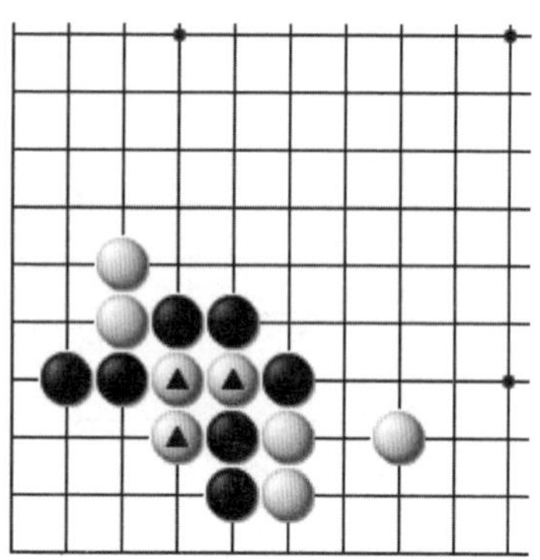

2. 断吃

找准对方的断点，将其分断的同时吃住对方的棋。

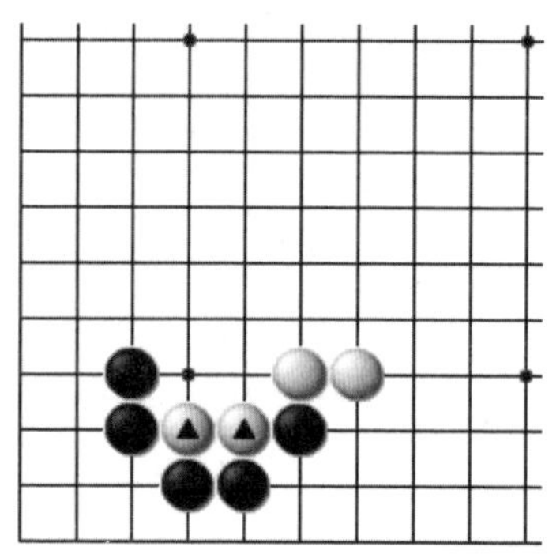

图例1

白棋之间有很明显的断点

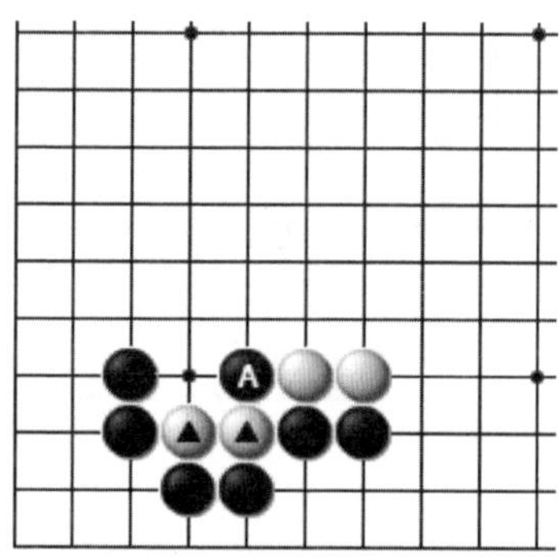

图例2

棋从断处生，黑A抓住断点将白棋分断

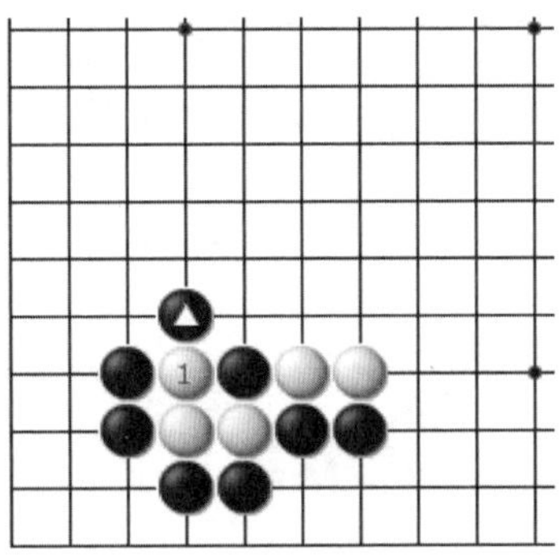

图例3

白棋无法逃脱，被黑棋吃掉

习题：请断吃白棋。

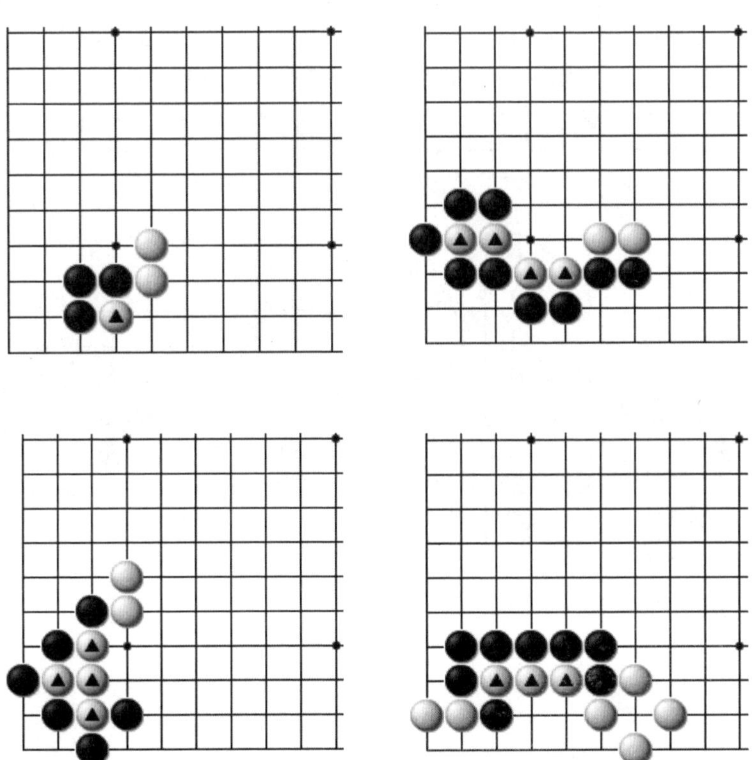

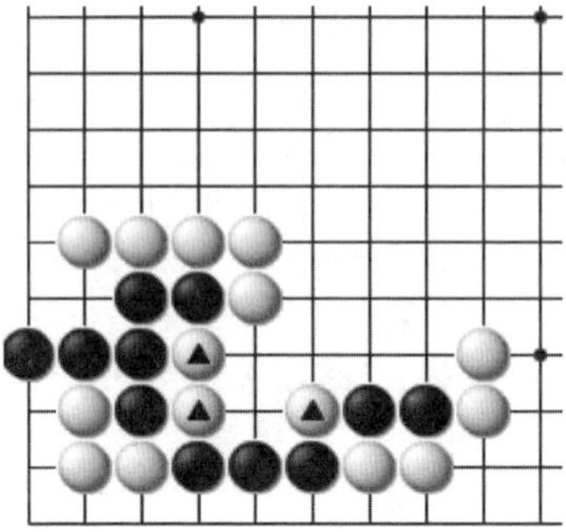

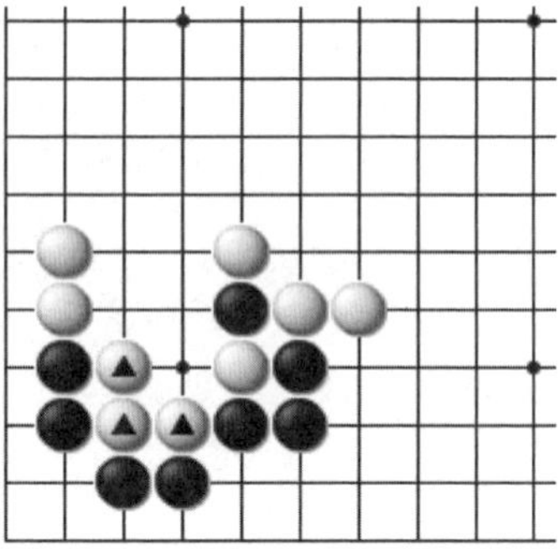

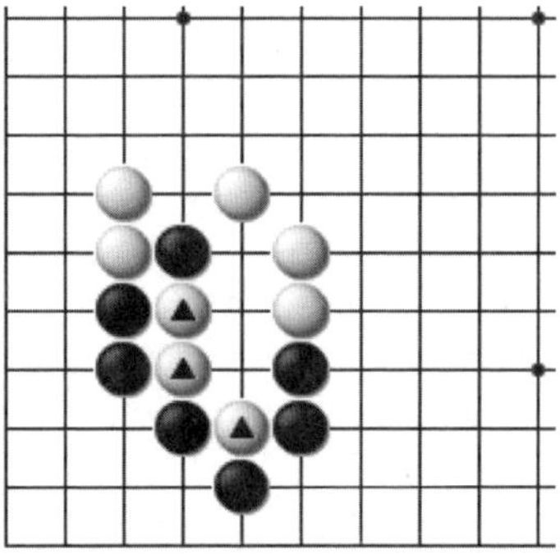

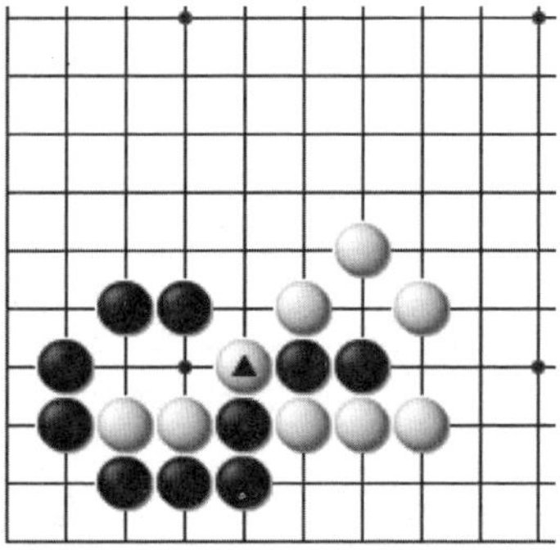

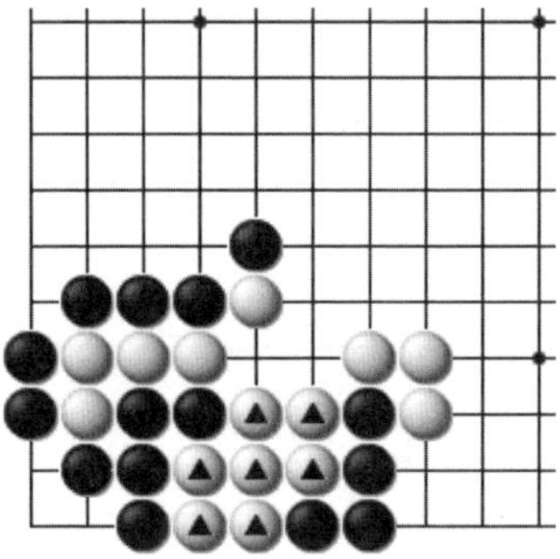

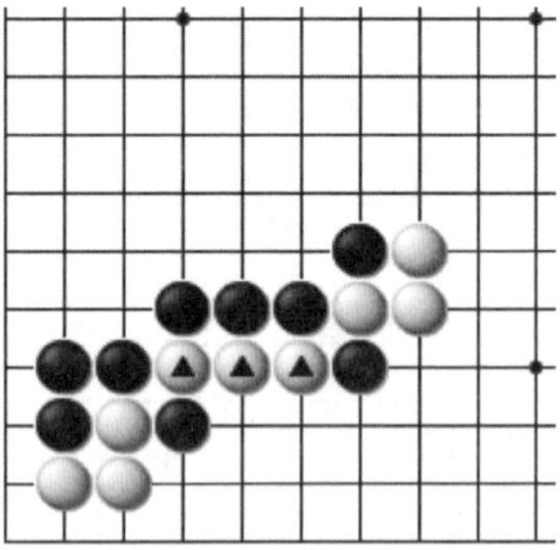

3. 双打吃

走一步棋同时使对方的棋两边都变成被打吃状态，对方只能逃一边，另一边将会被吃住。

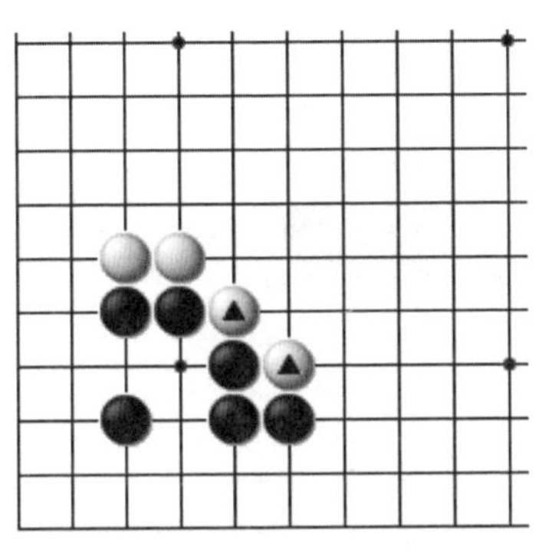

图例1

图中白棋存在断点

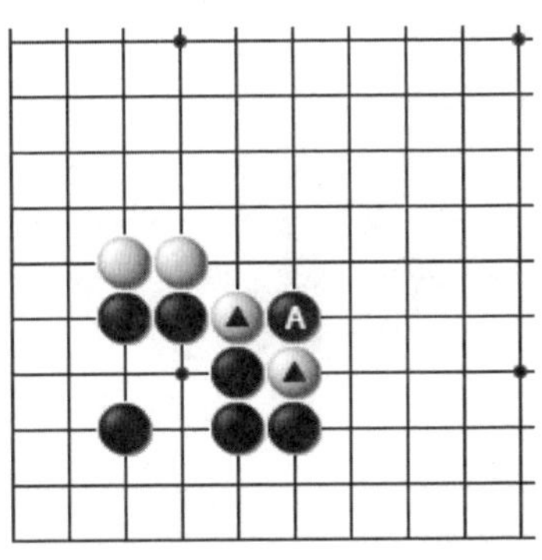

图例2

黑A下在白棋的断点上，使两边的白棋都剩下一口气

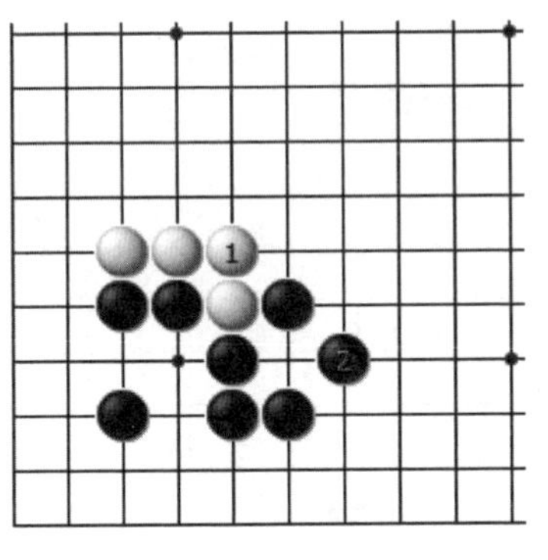

图例3

白1逃，黑2把另一边吃掉

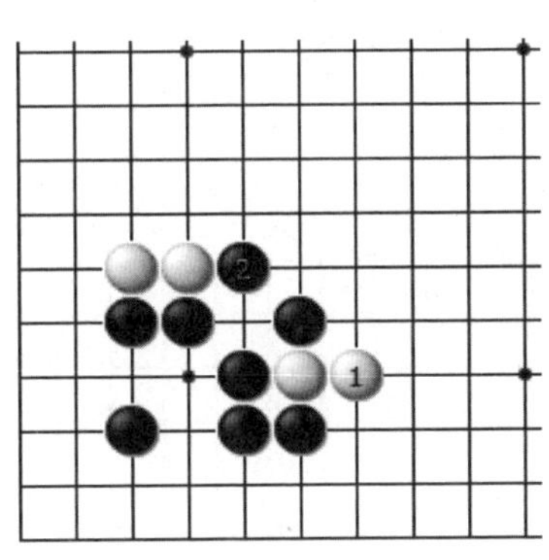

图例4

白1逃另一边，黑2把另一边吃掉

习题：请双打吃白棋。

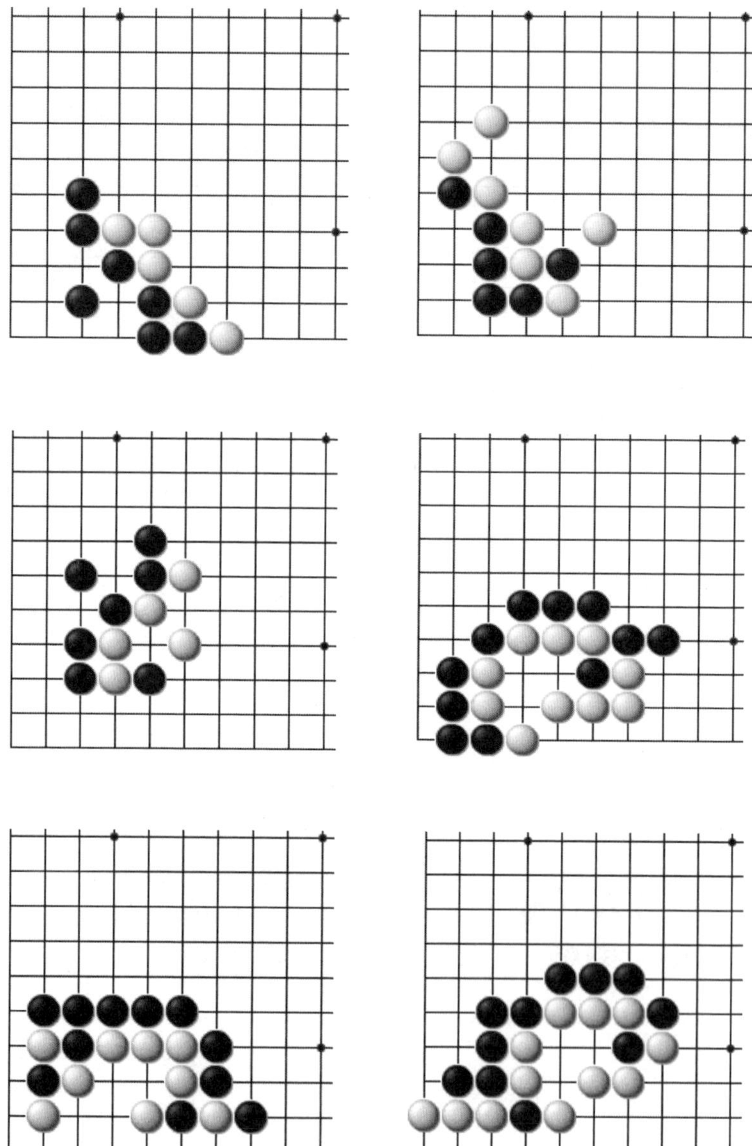

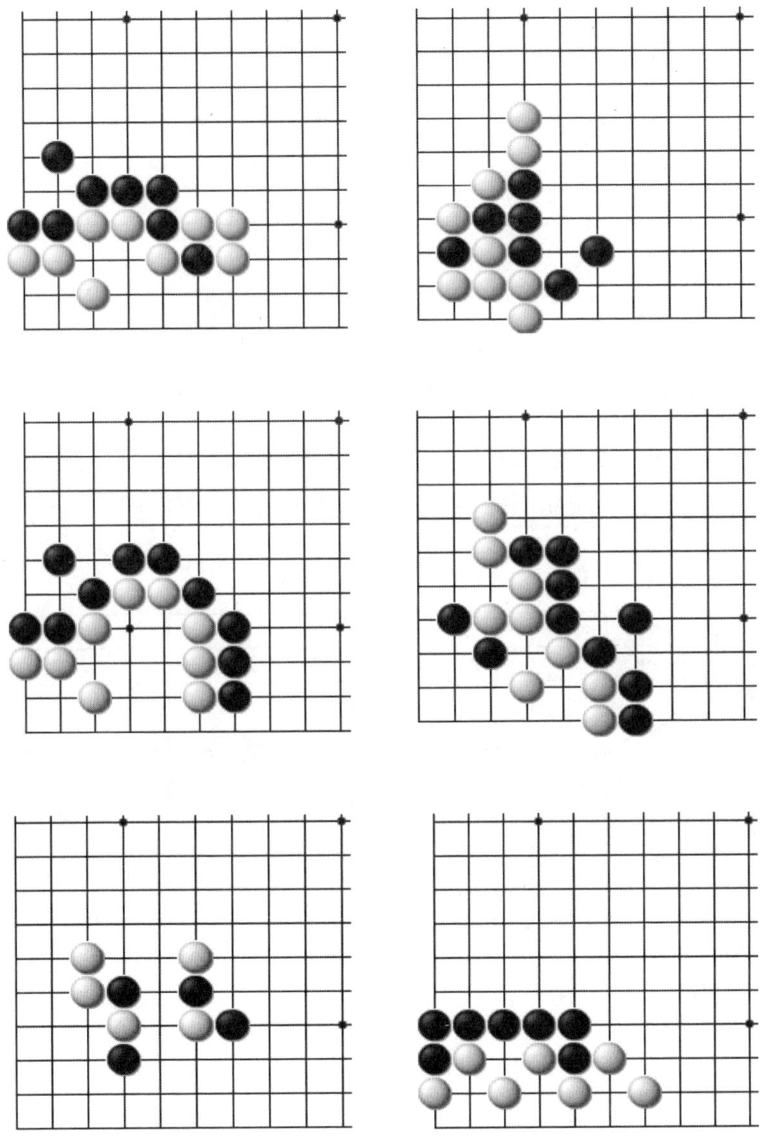

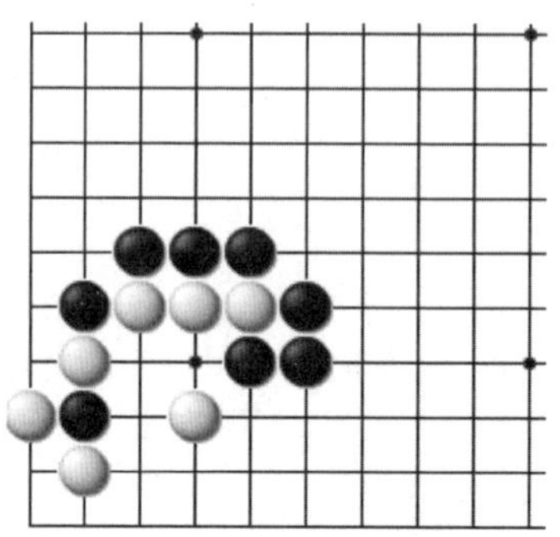

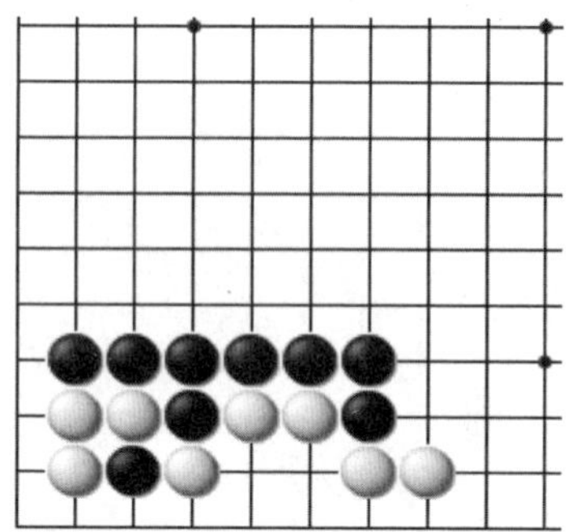

4. 征

征子俗称“扭羊头”，是以抱吃形状开始，连续打吃对方棋子，让对方始终只剩下一口气的追杀手段。征子时，要注意征吃方向是否有对方棋子援助，被征吃应引用引征方法减少损失。

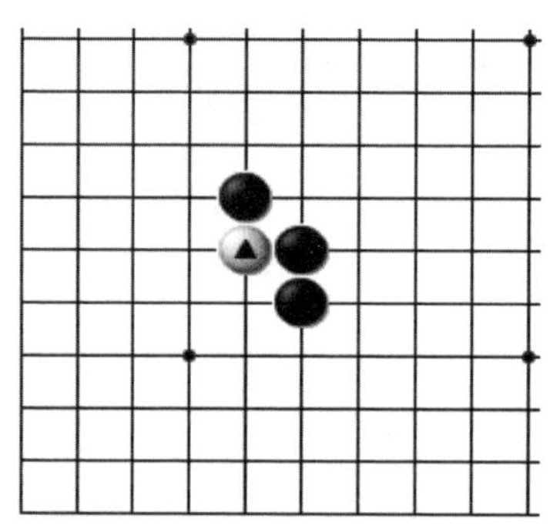

图例1
白棋只剩下两口气，可以通过连续打吃吃住白棋

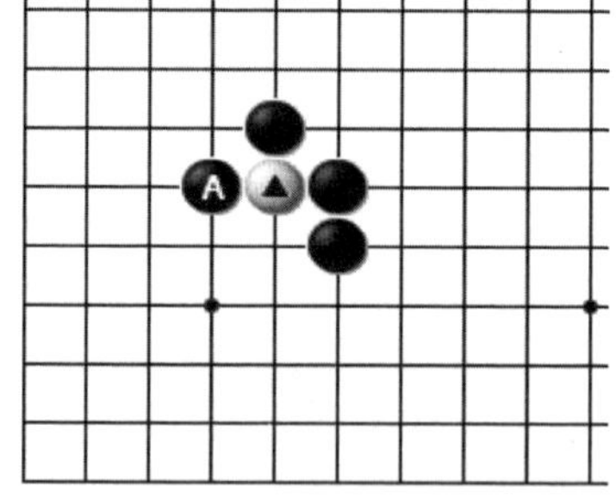

图例2
黑A利用抱吃的手法打吃白棋

图例3

通过不断地打吃，使白棋始终只保持一口气，最后将被赶到一线全部吃掉

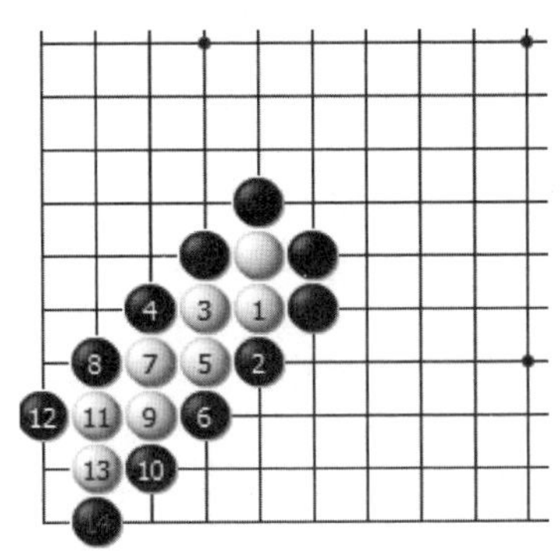

习题 ①：请征吃白棋。

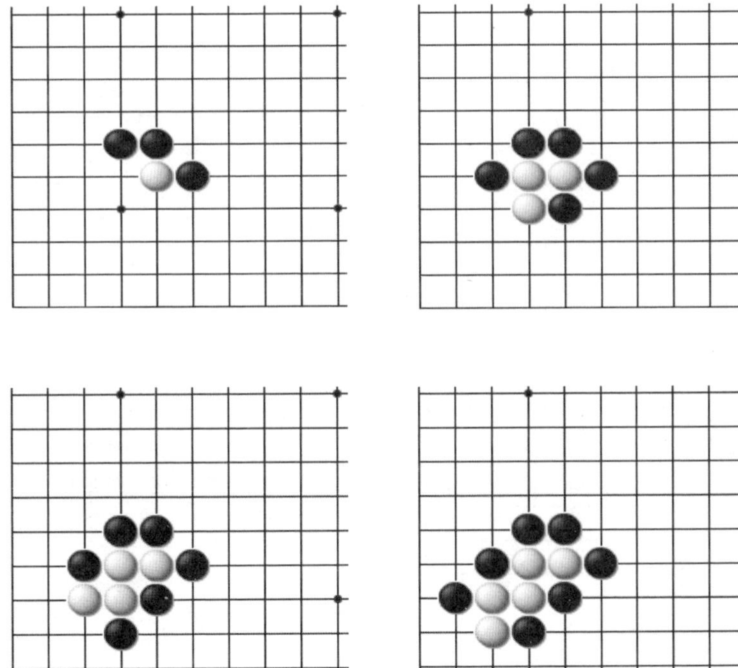

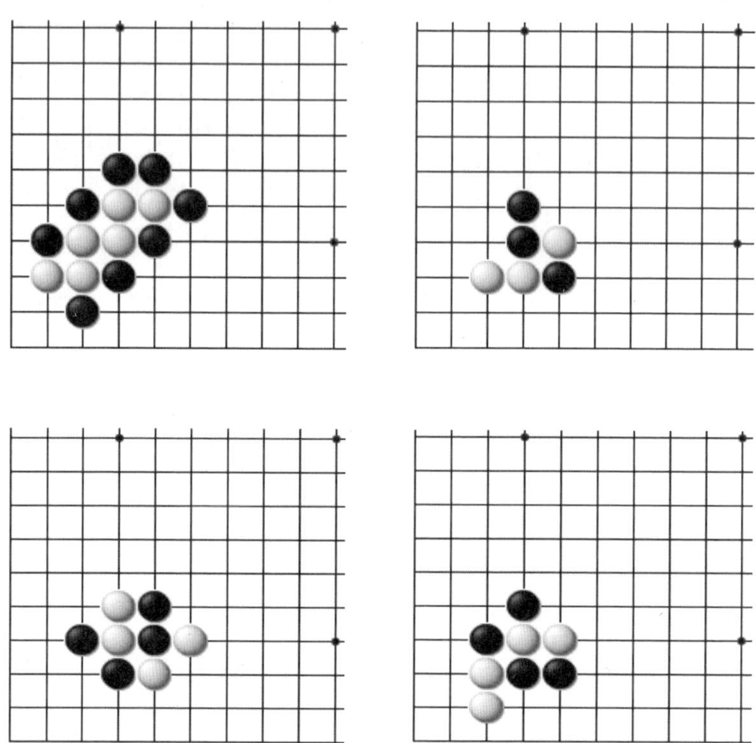

习题 ②：能否征吃带▲白棋？能标√，不能标×。

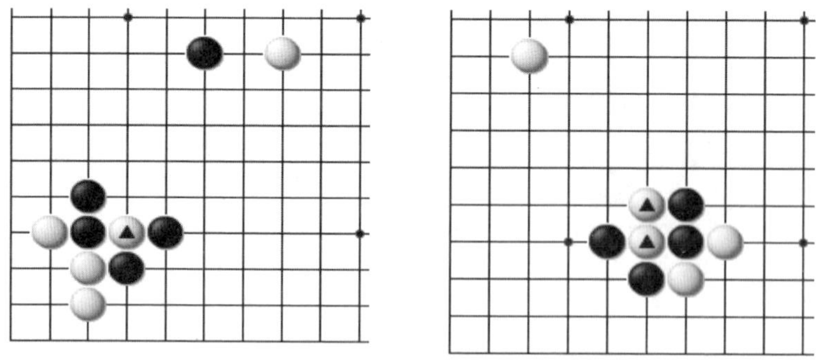

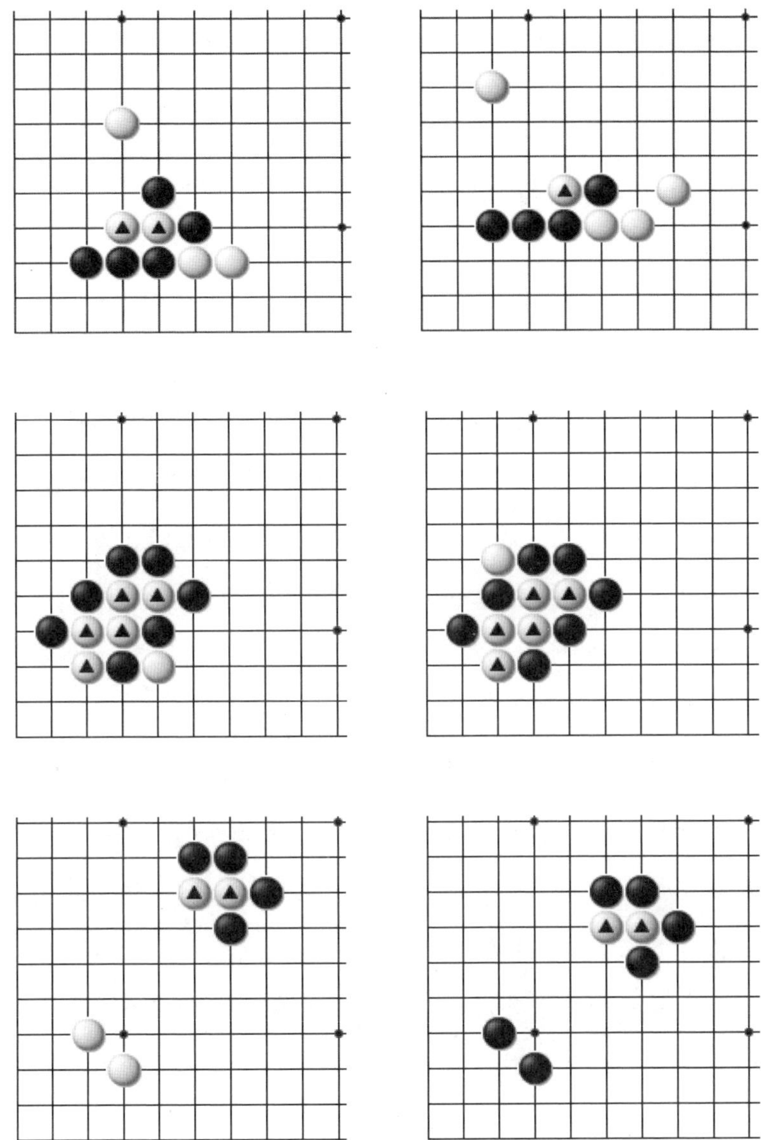

围棋故事

吴清源对决日本棋坛

1938年，日本棋界第一人秀哉名人引退，在引退棋中击败秀哉的木谷实成为棋界众目所瞩的人物，但因吴清源的存在，“棋界第一人”的荣誉不可能属于木谷实，双雄之间一场对决在所难免。

1939年，吴清源、木谷实十番棋在镰仓建长寺开战，史称“镰仓十番棋”。第一局双方激战进入第三天时，形势落后的木谷实每手几乎都要花上一小时，展开殊死反击。打下第157手后，突然因鼻出血倒在对局席上，而吴清源还全神贯注于复杂计算中，对周遭浑然不觉。这一局，吴清源以两目取胜。

当时，中日战时民族积怨很深，身处旋涡中心的吴清源遭到了部分日本民众的咒骂乃至恐吓，一度陷入危险。不过在其老师濑越宪作“身为棋手，死在棋盘上是死得其所”的劝导下，吴清源坚持下完了本次十番棋。

在第六局时，吴清源就以五胜一负的成绩将木谷实降格。最终吴清源6胜4负获胜，木古实被降半先。最终吴清源以总分6：4获胜。这一年，正好距“当湖十局”200年整。

自镰仓十番棋后，吴清源开始了在日本棋坛前无古人后无来者的升降级十番棋制霸年代。

日本人无法接受围棋最强称号到了一个中国人手中，于是四处为吴清源物色下一个对手。他们找到了秀哉名人的师兄，当年和秀哉争夺本因坊称号的雁金准一八段。作为老资格的高手，全日本都对他抱以巨大的期望，结果雁金准一八段在吴清源4：1领先后，弃赛认输，因为按照当时日本的十番棋规则，每当双方的胜局差达到4场时，落后一方就要被降级，这是职业棋手难以忍受的。

紧接着，吴清源又和藤泽库之助进行了十番棋对决，吴清源4胜6负。看似吴清源输了，但由于比赛是在让先并非平先的情况下进行，即十盘棋藤泽全部执黑，按照规则，如果不能把吴清源打降级，就是藤泽失败，可惜从始至终，吴清源都没有给对方让自己降级的机会。

在接下来的十余年里，日本棋坛出现了一种现象，每培养出一名高手，就被送去和吴清源下十番棋，却无一例外被吴清源打到降级。他赢过的对手中，有桥本宇太郎、高川格、坂田荣男……都是日本超一流的高手。

吴清源无敌于天下的战绩均是在日本昭和年间取得的，他由此被称为“昭和棋圣”，称霸棋坛达30多年。

2014年11月30日，刚刚度过百岁生日5个月的吴清源在日本东京去世。

吴清源十场十番棋战绩表

比赛时间	对　手	比赛结果	
1939.9 — 1941.6	木谷实七段	6胜4负	胜
1941.8 — 1942.5	雁金准一八段	4胜1负	胜
1942.12 — 1944.8	藤泽库之助六段	4胜6负	负
1946.8 — 1947.1	桥本宇太郎八段	6胜3负1和	胜
1948.7 — 1949.2	岩本熏本因坊	7胜2负1和	胜
1950.7 — 1951.8	桥本宇太郎本因坊	5胜3负2和	胜
1951.10 — 1952.7	藤泽库之助九段	7胜2负1和	胜
1952.10 — 1953.3	藤泽库之助九段	5胜1负	胜
1953.11 — 1954.6	坂田荣男八段	6胜2负	胜
1955.7 — 1956.11	高川格本因坊	6胜4负	胜

（注：表中对手的段位、称号均为比赛当时）

围棋格言

1. 围棋的最高境界是弃子，生活中也有弃子战术。

2. 棋局如人生，下棋时，布局越华丽，就越容易遭到对手的攻击。在生活中，少犯错误的人，要比华而不实的人更容易成功。

温故知新

1. 你是怎么看待清末民国时期，中国围棋学习日本围棋。

2. 说说你都知道哪些有名的十番棋比赛。

第二节　我国现代围棋的崛起

导　入

小礼："现在的国际大赛上都很少能看到日本棋手的影子，如今围棋到底哪家强？"

乐乐："围棋起源于中国，这些年主要盛行在东亚地区，我们追赶了日本几十年，后来又与韩国争胜，这个过程中，不断涌现出大量优秀的棋手，现在可是人才济济。"

小礼："哇，我也想早点儿下好围棋。"

小礼："围棋棋盘纵横各有19道，落子方式存在361的361次方种变化，那是不是把这些变化都记下来，就能无敌了呢？"

乐乐："那只能是你的梦想吧。"

小礼："为什么？"

乐乐："你不知道强中自有强中手吗？围棋联赛产生了大批年轻好手，挑战不断，不知要多努力才能成为他们中的一员呢。"

小礼："有志者事竟成，那我可真得努力了。"

新六艺学堂

一、中国现代围棋的征战历程

中国围棋协会成立后，围棋发展步入正轨，中国有了自己的九段棋手，并涌现了聂卫平等超一流国手，奋力赶超日本，让世界围棋呈现出中日韩三国争雄的局面。

1. 中日擂台赛中赶超日本

新中国成立后，国家开始提倡发展围棋运动，中国棋手的棋艺水平得到了大幅度提升，围棋爱好者日益增多，全国性的围棋比赛也得以有序开展。

1962年，中国围棋协会成立，陈毅担任名誉主席。在当时的全国运动会上，围棋还被列入正式比赛项目，各地为此大力培训围棋选手。

1965年，陈祖德在分先的情况下战胜了日本九段棋手岩田达明。这是新中国成立后，中国棋手第一次在对抗赛中战胜日本九段棋手，发出了中国围棋能够迅速提高并赶超日本的信号。

继陈祖德之后，20世纪70年代中后期，涌现出以聂卫平为代表的一大批年轻国手，对日本“超一流”棋手构成了威胁，赶超日本已成趋势。

随着对外围棋交流的日益频繁，我国棋手没有段位的现状亟须改变。1982年2月，我国正式公布了第一批10名职业棋手名单，其中，陈祖德和聂卫平被定位九段。

1984年10月5日至1985年11月20日，第一届中日围棋擂台赛举行。聂卫平九段沉着应战，力挽狂澜，连续战胜了小林光一、加藤正夫和藤泽秀行3位日本超一流棋手，获得比赛的最后胜利，成为当时家喻户晓的一流国手。

随后连续两届中日围棋擂台赛，最后都由聂卫平压阵取得了胜利。算起来，聂卫平在中日擂台赛中连胜11场，杀得日本棋手一度患上“恐聂症”，成为中国围棋崛起的历史性坐标。因而1988年，聂卫平被授予围棋“棋圣”称号，在很长一段时间里，他都是中国围棋第一人，对围棋在中国的普及产生了深远影响。可以说，如果没有他，就没有中国现代围棋的辉煌。

2. 中日韩争胜演变为中韩对抗

1988年之前，我国棋界对韩国围棋还了解甚少。韩国当代围

第一届中日围棋擂台赛第15局，聂卫平（右）胜藤泽秀行（左）

棋先锋曹熏铉早年曾到日本学棋，学成回到韩国后，独霸一方多年。他还培养出了年轻的世界冠军李昌镐，使韩国围棋迅速闪耀棋坛。

随着国际围棋大赛升温，围棋逐渐呈现出中日韩三国棋手角力的局面，中国棋手夺得世界冠军已不再是新闻。进入新世纪后，日本围棋淡出国际性比赛，而中国年轻优秀棋手却人才辈出，中韩博弈成了当今世界棋坛的主流。中国的围棋联赛发展越来越好，如今连韩国围棋第一人李世石都放弃韩国联赛，加盟中国围甲联赛。这也间接证明在中韩的比拼中，中国占据了少许上风。

伴随三十余年对近邻的追赶，中国围棋找到了自己的发展之路：先依靠社会和地方培养出好苗子，然后通过职业联赛锤炼，筛选出尖子进入国家队集训。这种职业和专业相结合的方法，符合中国棋协培养人才战胜世界各地高手来为国争光的目的。如今的中国棋坛，过去那种单个棋手独领风骚的局面不再出现，“90后”们竞争激烈，而这恰恰说明，中国围棋人才济济，顶尖棋手众多，他们的集体攻击已无人可挡。

二、围棋基础

1. 罩（枷）

罩是将对方的棋子包围在自己的棋子之中，设个包围圈，使对方棋子无法逃脱。

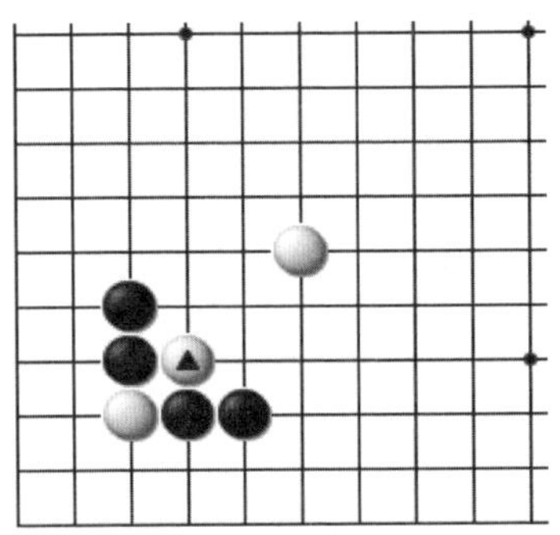

图例1
白棋只有两口气，黑棋可以吃掉它

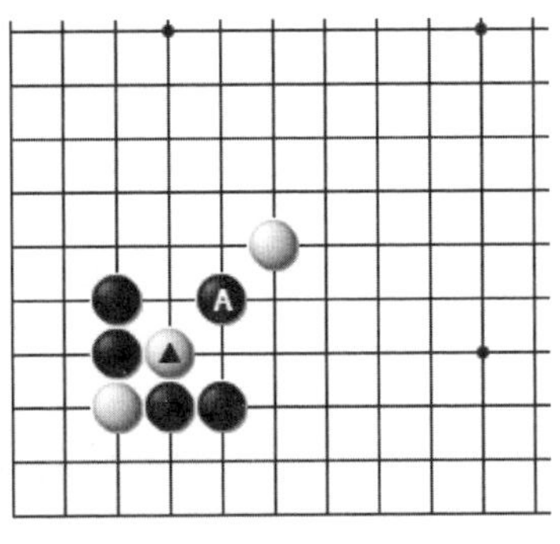

图例2
黑A没有堵住白棋的气，而是设了包围圈将白棋包围

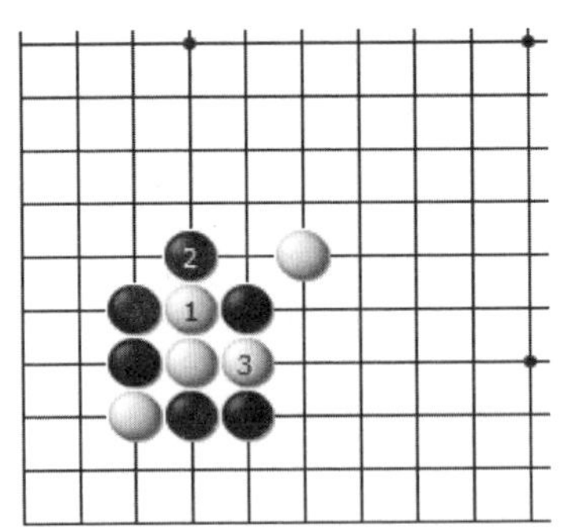

图例3
白棋不管往哪个方向跑，都逃不掉

习题：请罩吃带▲白棋。

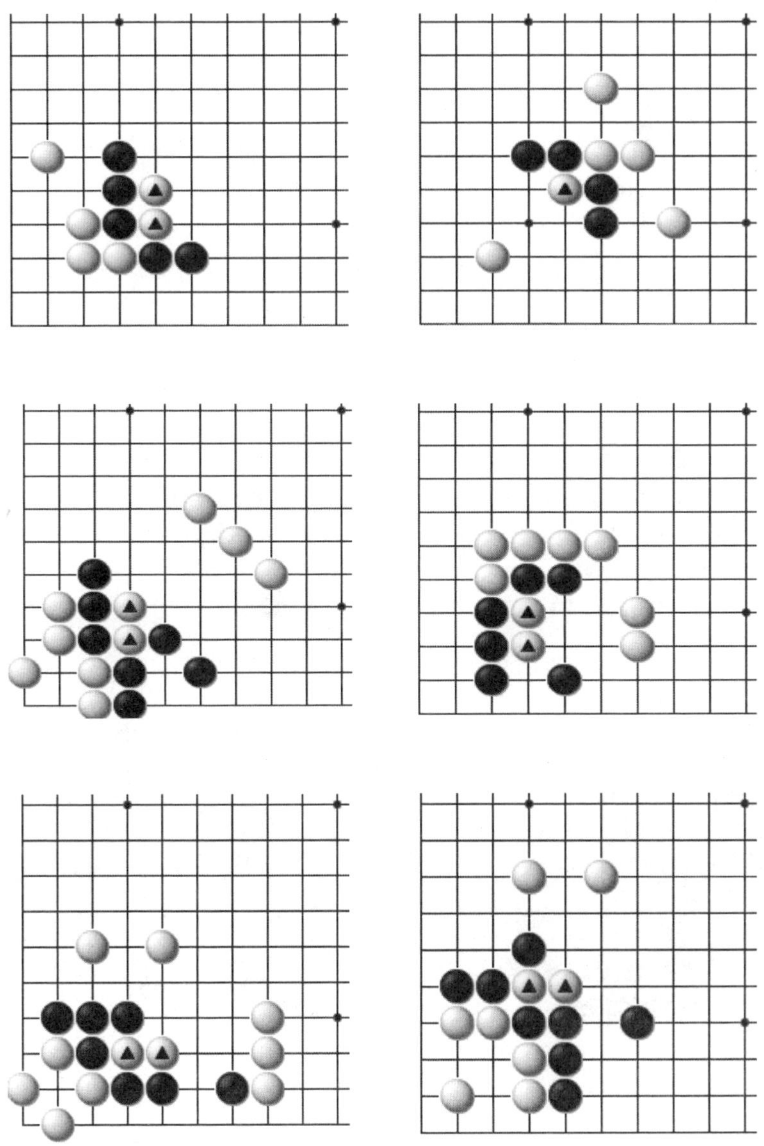

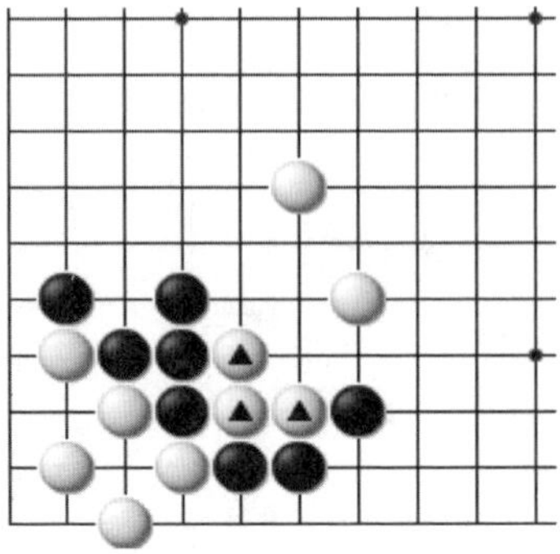

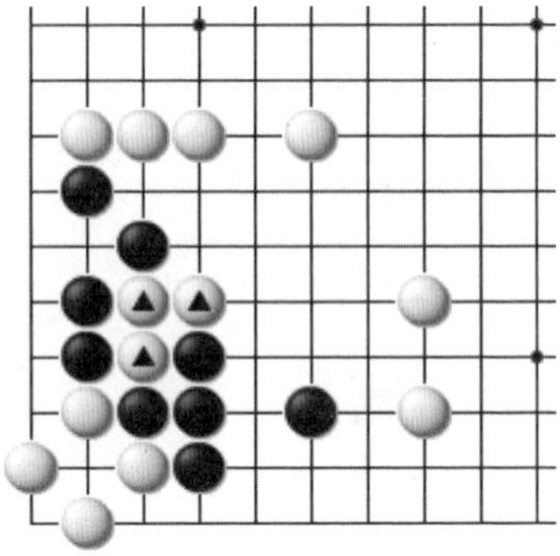

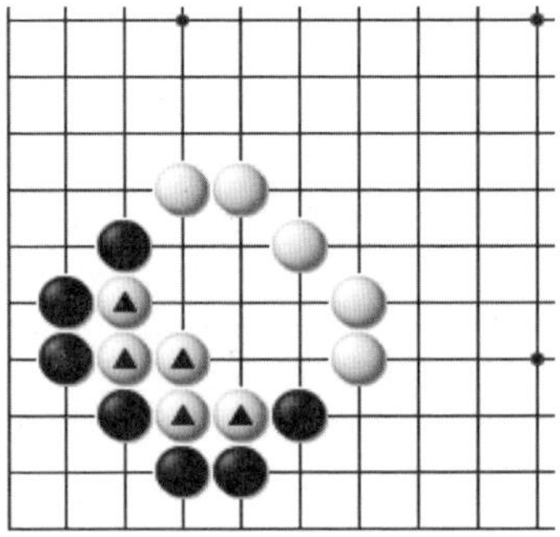

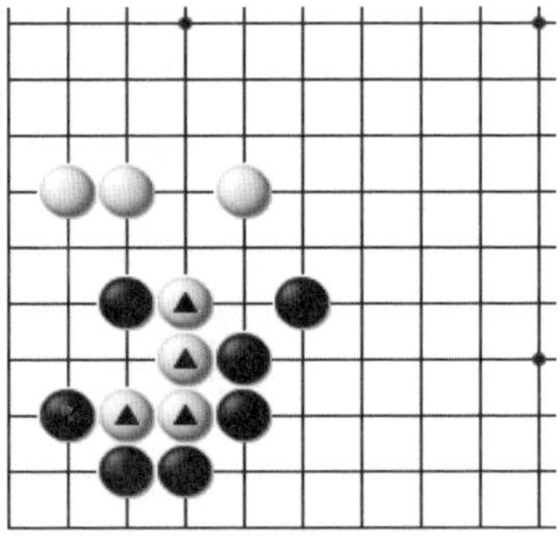

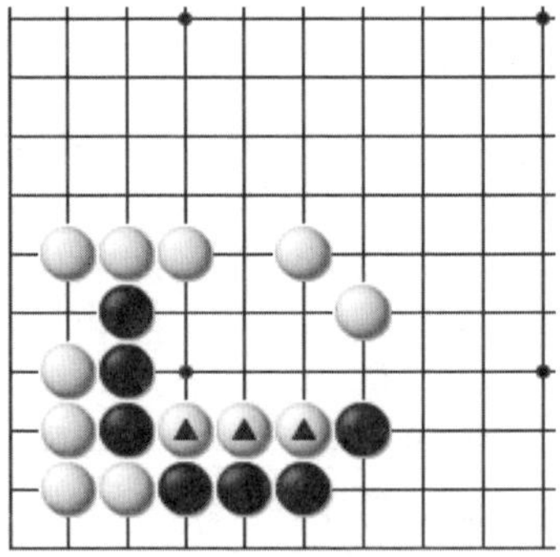

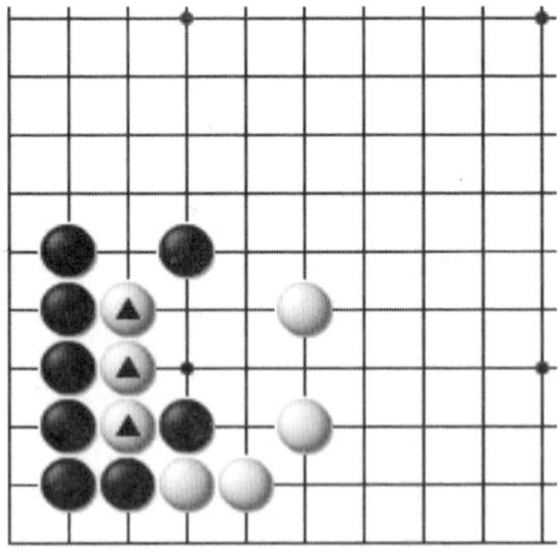

2. 倒扑

倒扑是通过牺牲自己一个棋反过来吃掉对方更多棋的方法。在围棋的技术上，牺牲自己的棋子以换取好的局面很重要。

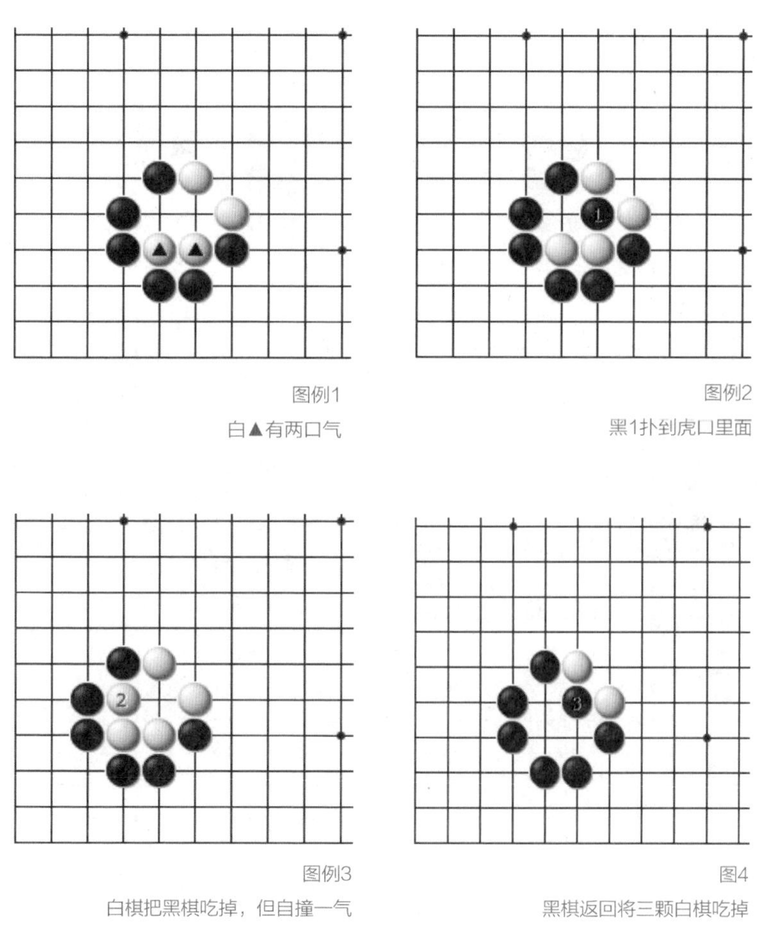

图例1
白▲有两口气

图例2
黑1扑到虎口里面

图例3
白棋把黑棋吃掉，但自撞一气

图4
黑棋返回将三颗白棋吃掉

习题： 请利用倒扑吃掉带▲的白棋。

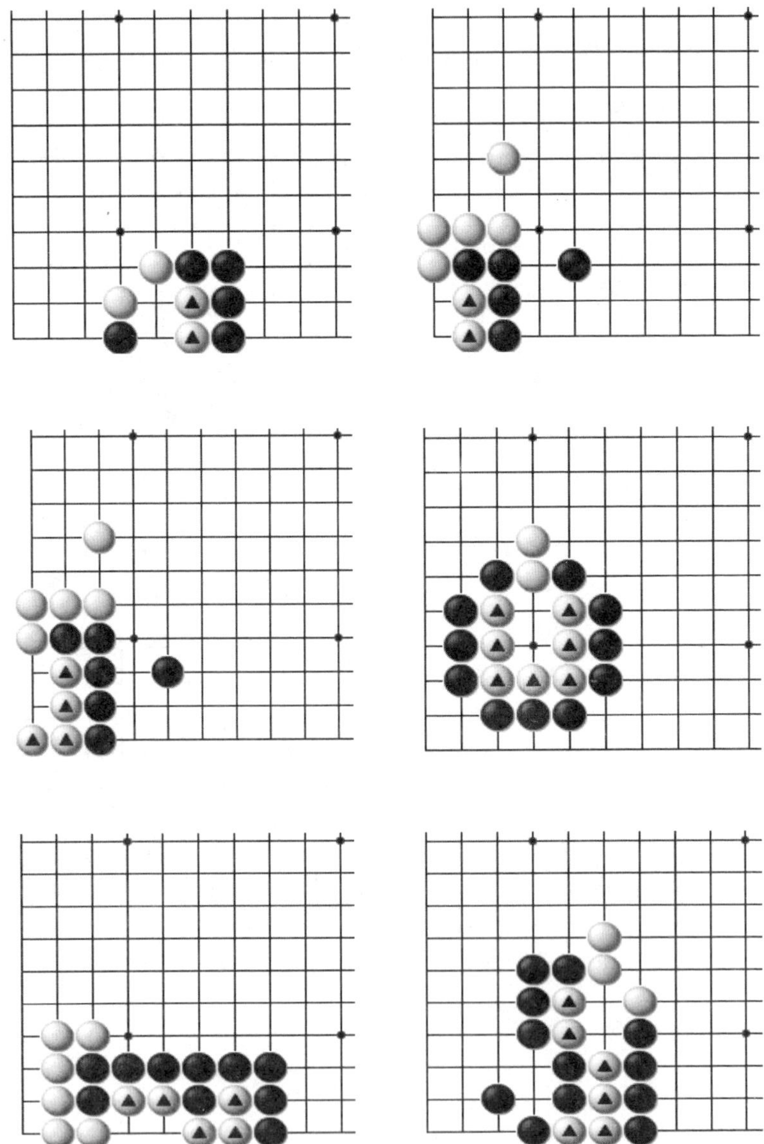

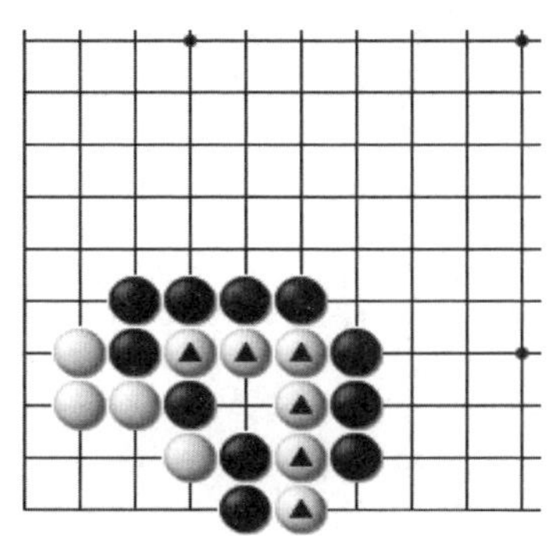

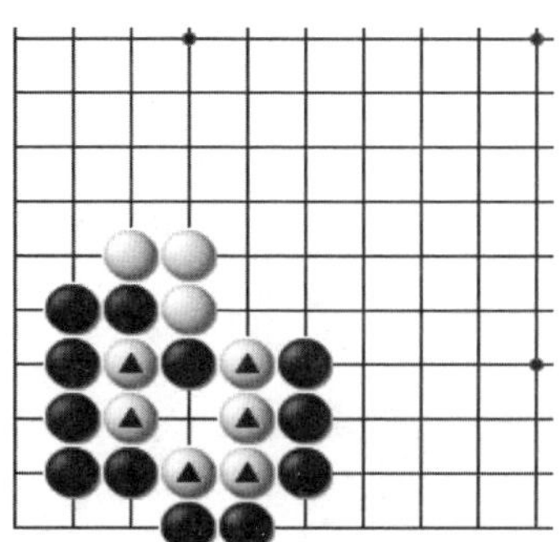

3. 真眼与假眼

眼是己方棋子围成的“内气”，眼有真眼假眼之分。

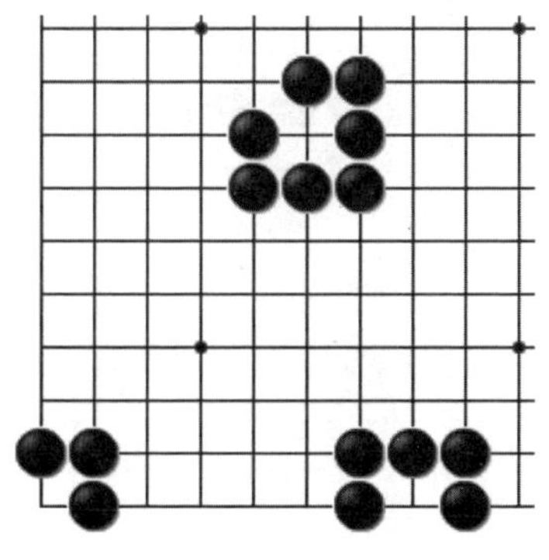

图例1

图中为黑棋做出的眼，决定这只眼是真眼还是假眼，要看其眼角

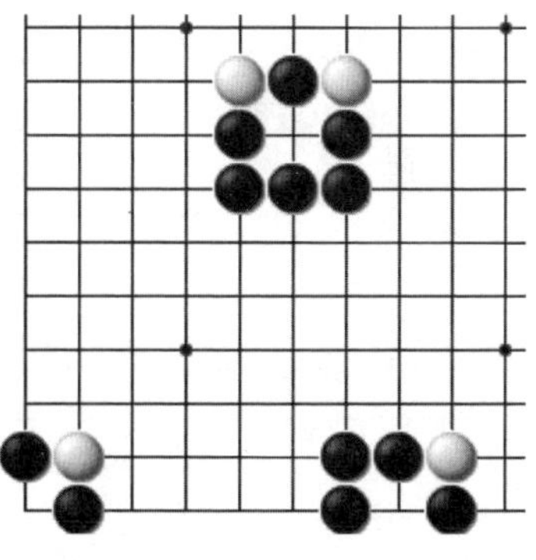

图例2

图中看似是一只眼，但其为假眼，因为眼角被卡，黑棋已不是一个整体

习题①：图中A点为真眼打√，假眼打×。

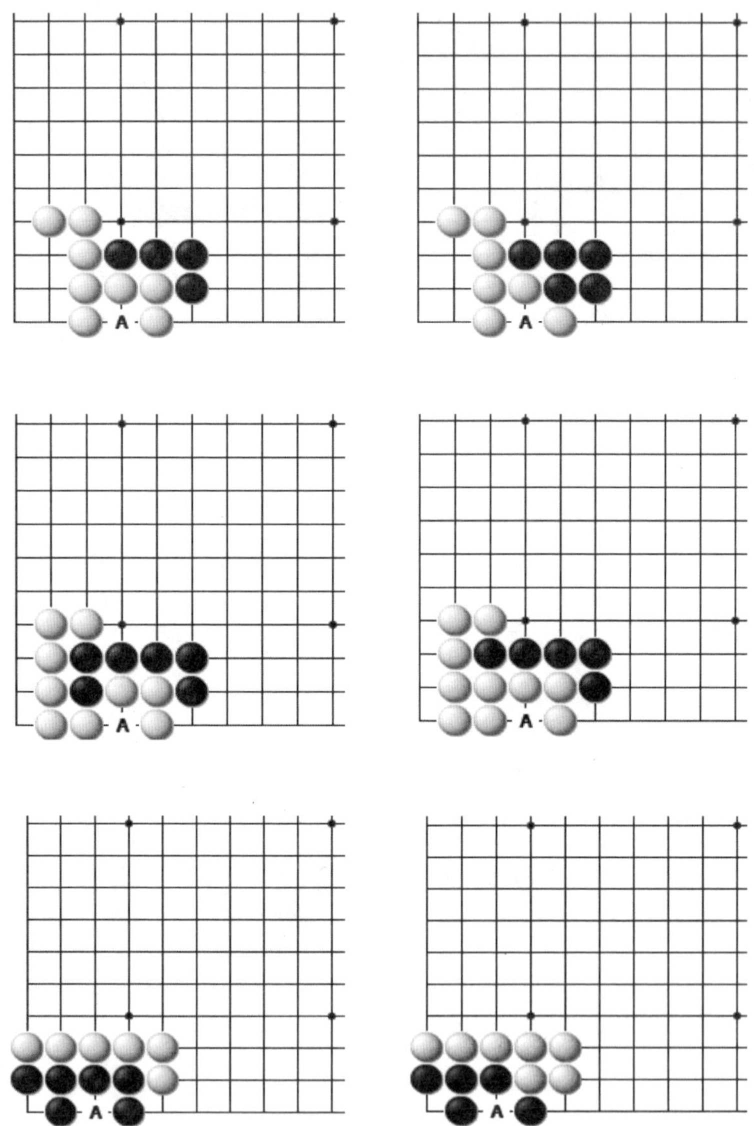

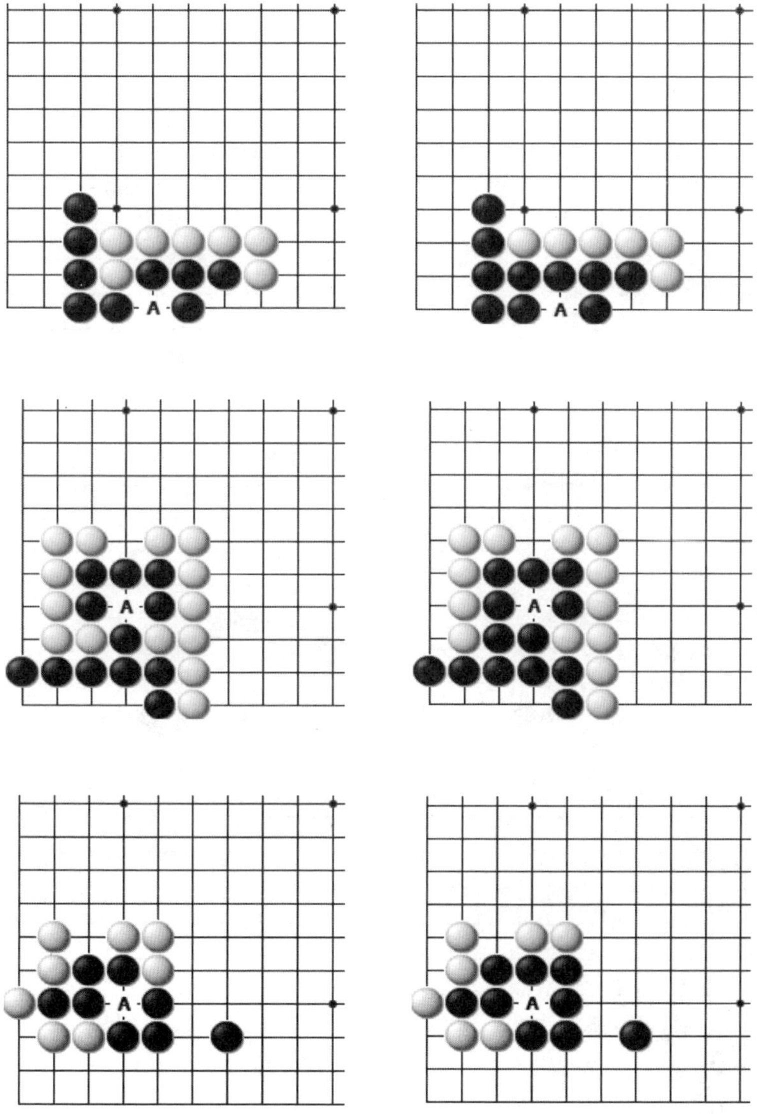
A
A
A
A
A
A

习题②：请帮A处做出真眼。

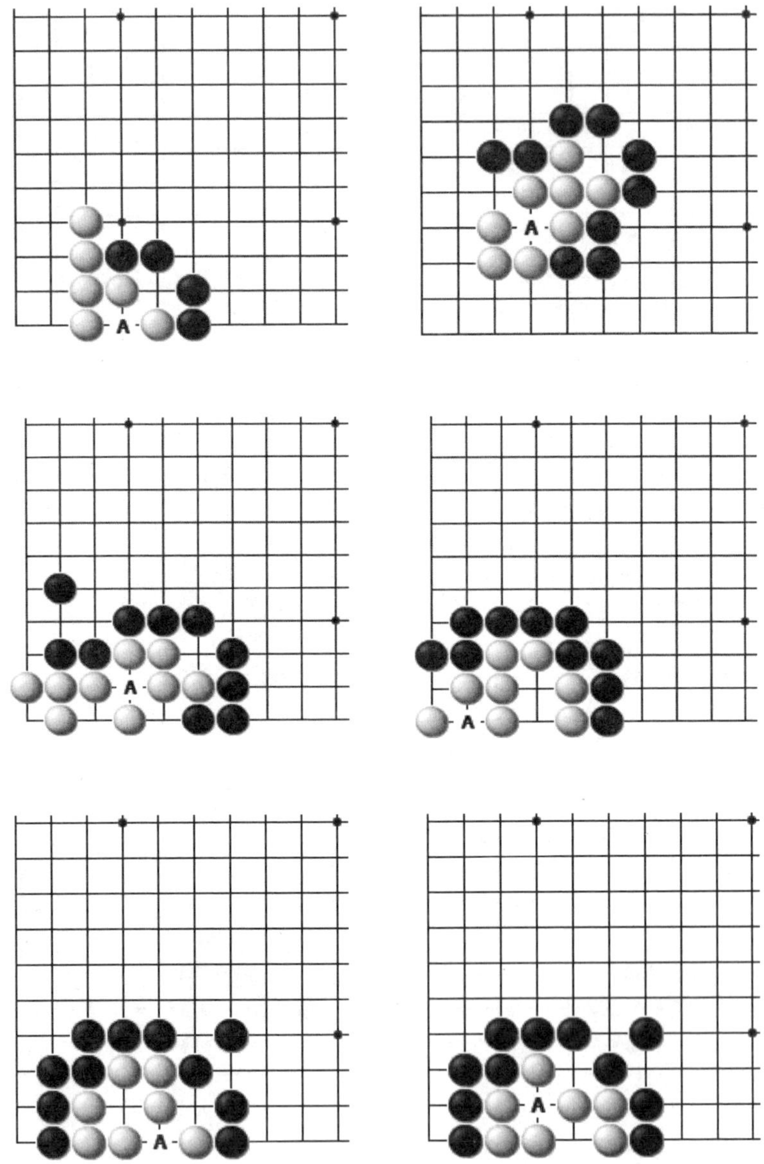

4. 死棋与活棋

棋被包围了就需要做出独立的两只真眼，这样才能存活。

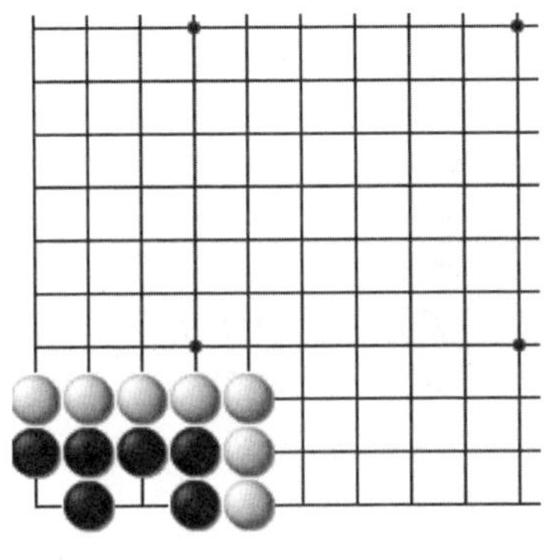

图例1

图中黑棋虽被包围，但是白棋杀不掉棋

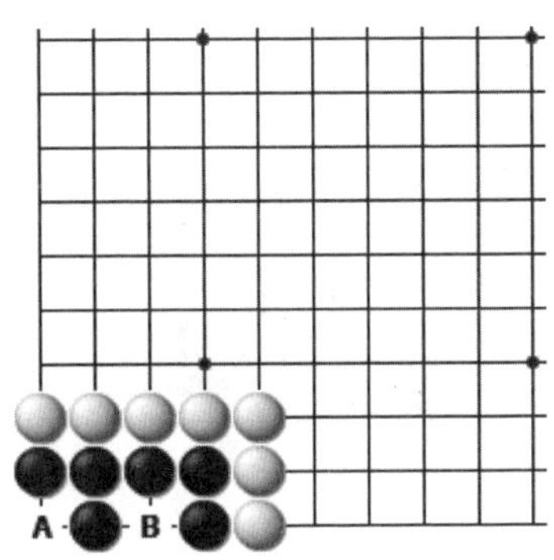

图例2

A B 点都是黑棋的真眼

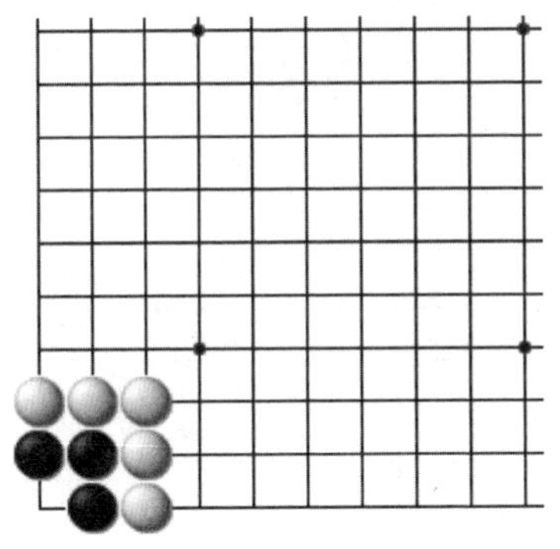

图例3

黑棋只有一只真眼，是死棋

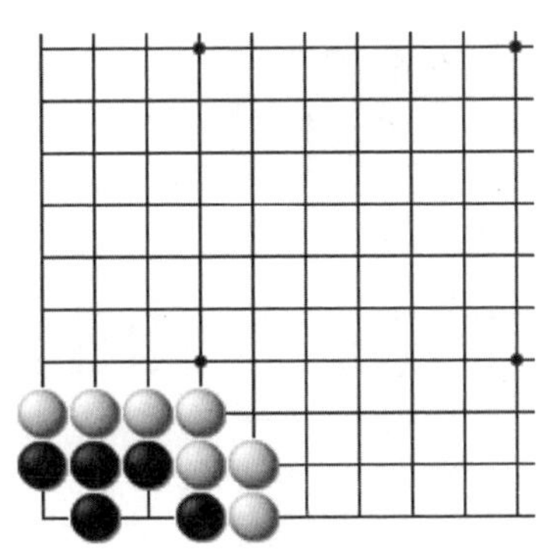

图例4

黑棋一只真眼，一只假眼，是死棋

习题①：能杀白棋打√，杀不掉打×。

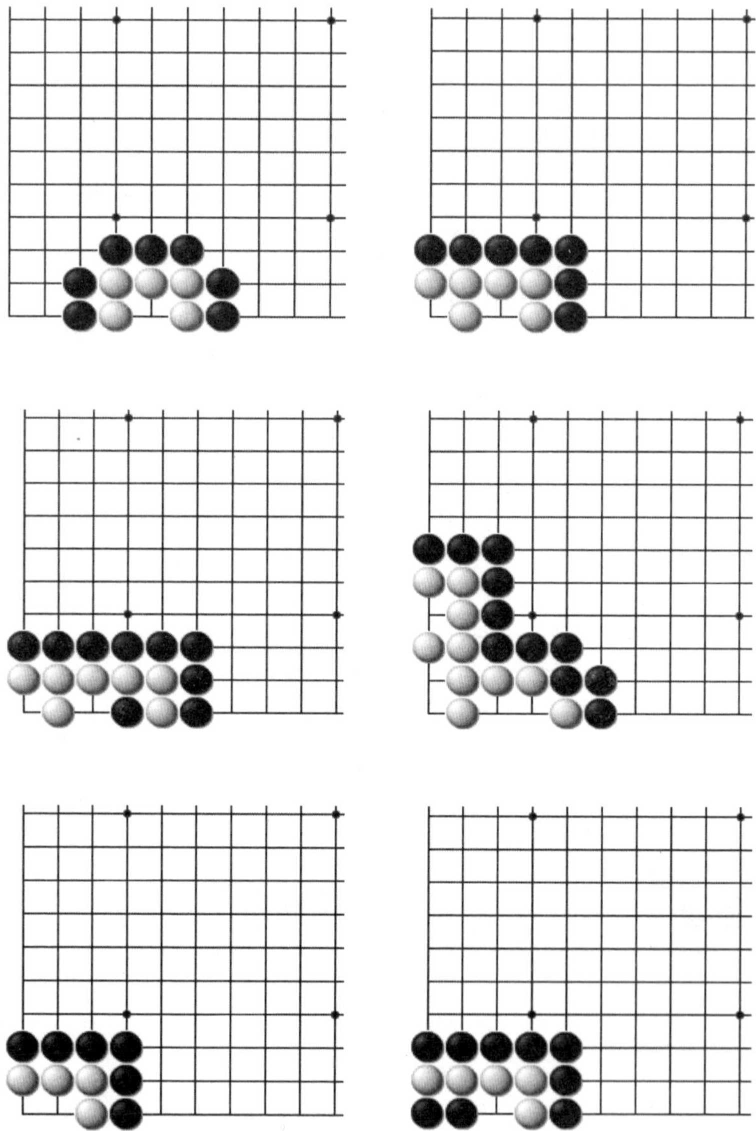

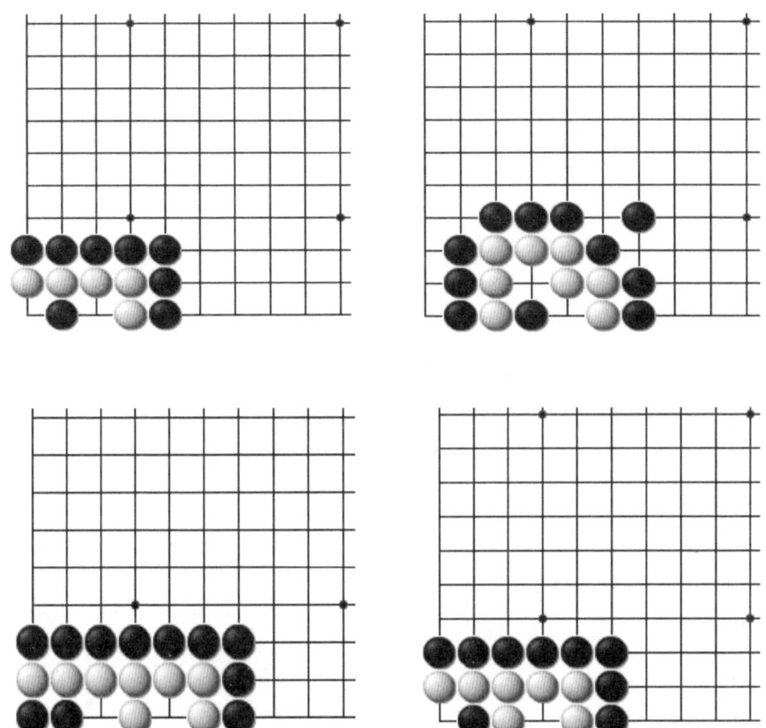

习题 ②： 请救活黑棋。

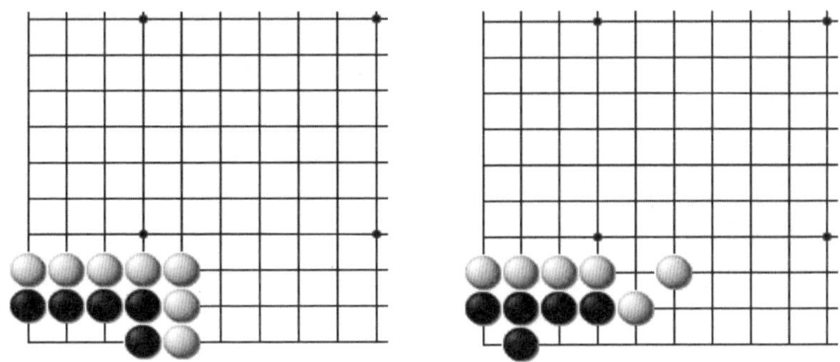

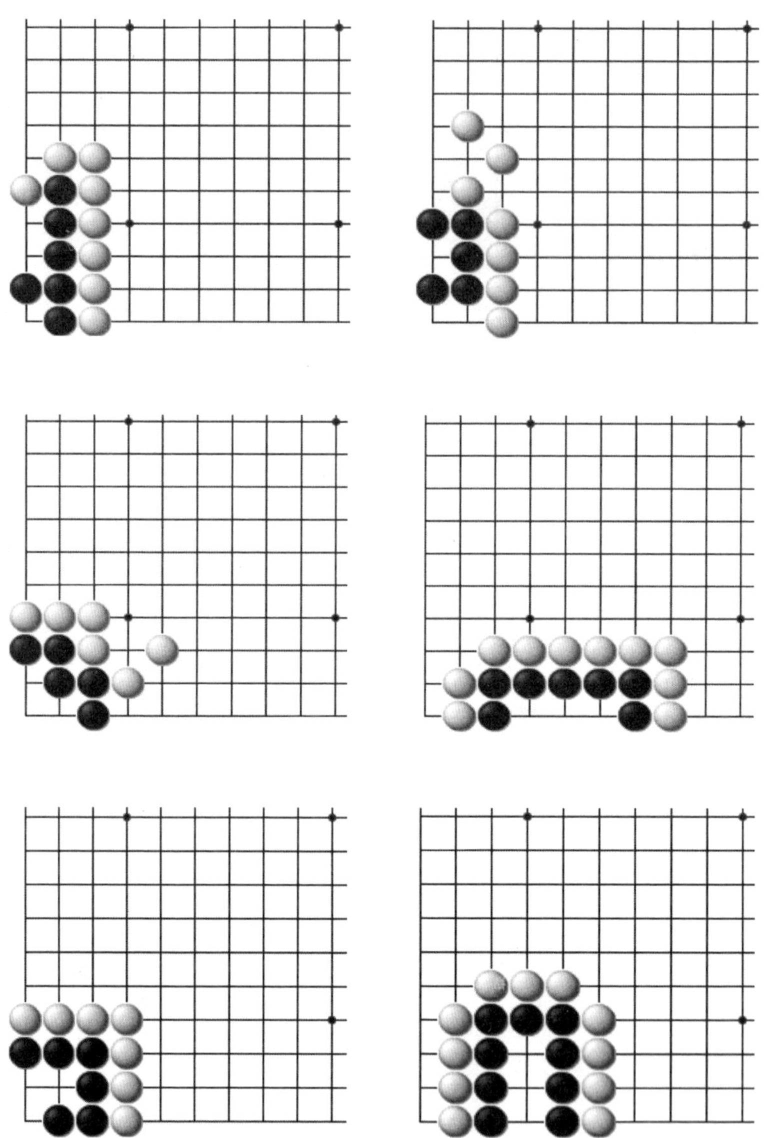

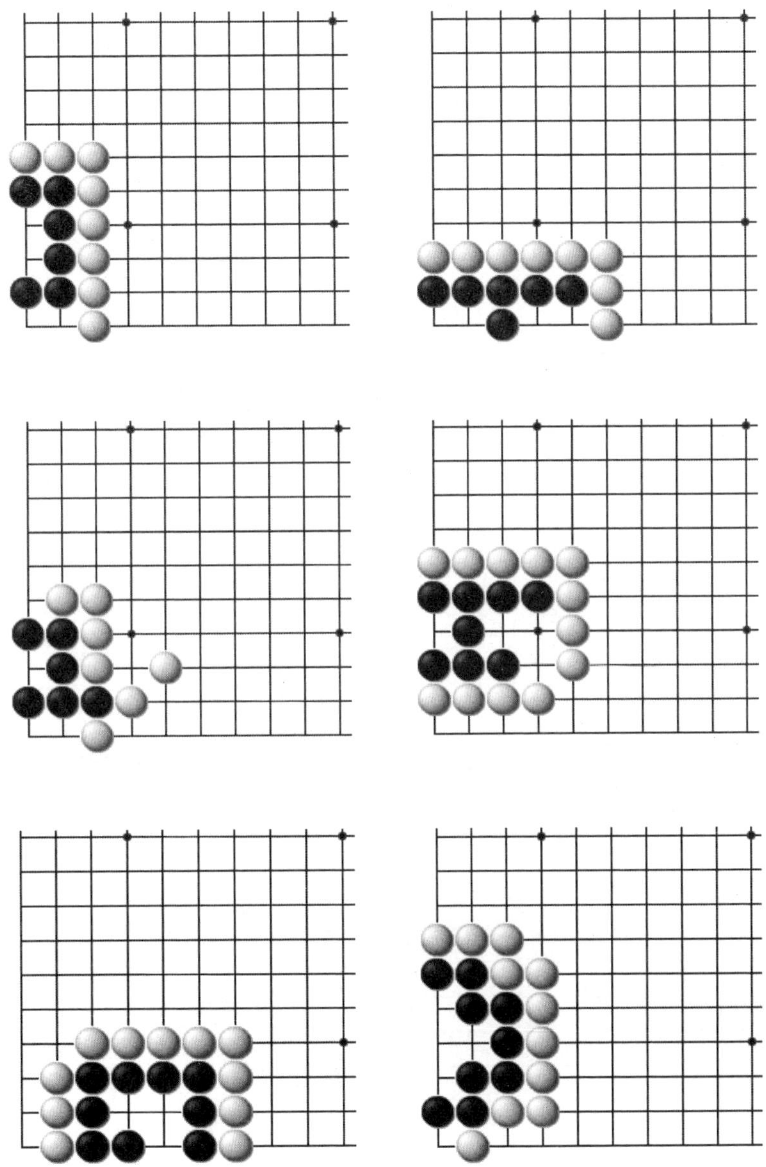

习题 ③：请阻止白棋做活。

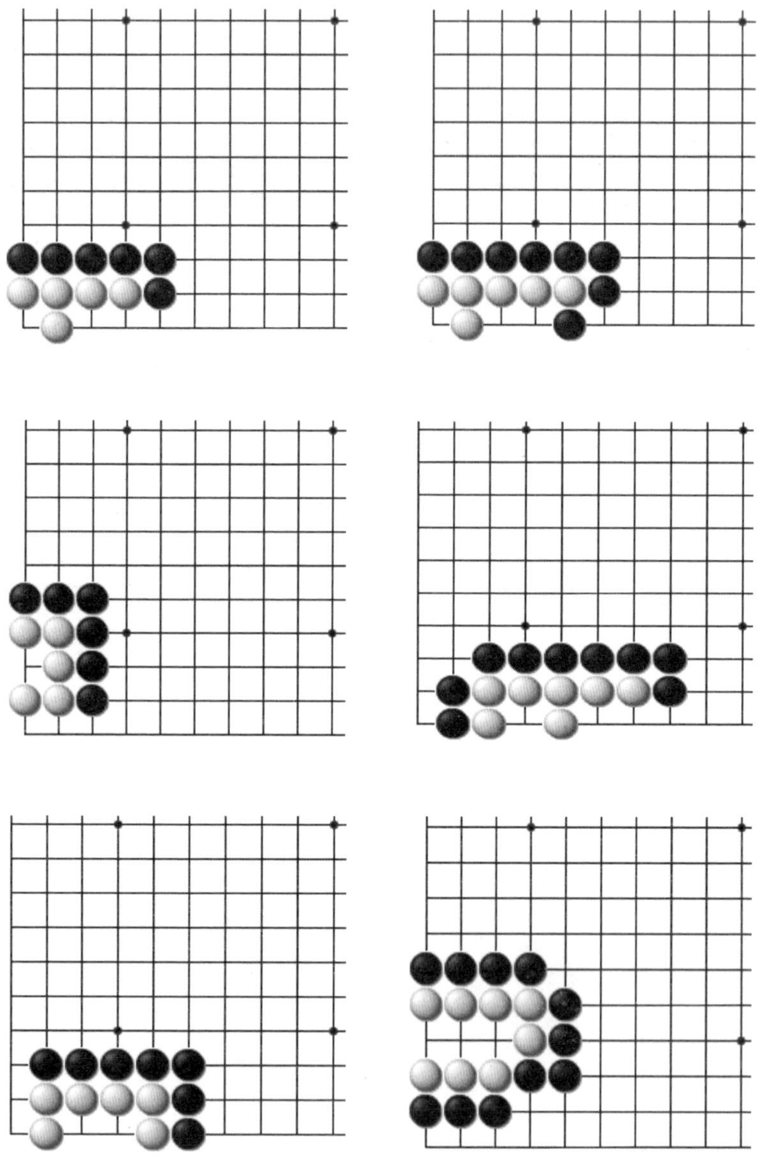

围棋赛事

应氏杯：围棋的奥林匹克

1988年，对于世界围棋来说，是不寻常的一年。后来人们把这一年称为“世界围棋元年”。

这一年，第一届富士通杯在中日擂台赛犹酣的战火与应氏杯即将举办的擂鼓声中诞生。据说，这是日本方面为赶在中国台湾著名企业家应昌期之前创办“第一个世界大赛”的心态促成的。当时，应昌期看到聂卫平在中日擂台赛中所向披靡，正欲推出一个世界范围内的围棋大赛，不料富士通杯抢了先手。

在此之后举办的应氏杯被誉为围棋界的奥林匹克，每4年一次，冠军奖金40万美元。首届应氏杯1988年8月20日开打，1989年收官。遗憾的是，聂卫平遭韩国棋手曹薰铉逆转，拱手让出了首

范廷钰夺得第七届应氏杯冠军

届应氏杯。

进入20世纪90年代，中国棋手在多次世界大赛中都功亏一篑，被韩国棋手压制，在应氏杯上更是屡屡梦碎。

2004年4月19日，第五届应氏杯在上海揭幕，常昊最终3：1击败韩国棋手崔哲瀚，成功登顶，吹响了中国棋手反攻韩国的号角。

再到2012年第七届应氏杯，1996年出生的齐鲁晚报棋院棋手范廷钰横空出世，决赛中3：1力克韩国棋手朴廷桓，成了中国第十一位世界冠军，也是应氏杯赛史上，继常昊之后第二位夺得冠军的中国棋手。

围棋趣闻

烂柯传说

传说晋朝时有一位叫王质的人，有一天他到信安郡的石室山（今浙江省衢江区）去打柴。看到一童一叟在溪边大石上正在下围棋，于是把砍柴用的斧子放在溪边地上，驻足观看。看了多时，童子说“你该回家了”，王质起身去拿斧子时，一看斧柄（柯）已经腐朽了，磨得锋利的斧头也锈了。王质非常奇怪。回到家里后，发现家乡已经大变样。无人认得他，提起之前的事，有几位老者都说是几百年前的事了。原来王质石室山打柴误入仙境，遇到了神仙，仙界一日，人间百年。

后来，人们就把“烂柯”作为围棋的一个别名。

围棋格言

1. 方如行义，圆如用智。动如逞才，静如遂意。

——唐·李泌

2. 独收万虑心，于此一枰竞。

——北宋·欧阳修

3. 下士下棋为吃子，中士下棋为占地，上士下棋为悟道。

温故知新

1. 回忆下中国围棋是如何逐步赶超日韩的。

2. 说说你知道哪些围棋国手的名字。

棋道规范第三讲

正确的坐姿

正确的坐姿是身体坐在椅子的三分之二处，上身保持正直，两手自然放于两膝上，两腿平行，与肩同宽。

胸部自然挺直，立腰收腹，肩平头正，目光平视；女生着裙时双腿并拢，斜放或平直放，双手自然摆放在膝盖上。

与人对弈时，神情要专注于棋盘之上；思考时双手置于膝盖，禁止抓玩棋子；一手抓子落子时，一手仍置于膝盖上。

第四章　围棋与人工智能

导 入

小礼：“终于学会走棋了，是不是多加练习就能成为高手？”

乐乐：“这才到哪儿，你只学会了最基本的走法，围棋的奥秘还有很多更高层面的东西。比如战术原则。”

小礼：“围棋的智慧真是无穷啊！”

乐乐：“那当然，连现在的人工智能都以围棋高手为对手，向人类发起了挑战。”

小礼：“快给我说说吧。”

新六艺课堂

一、围棋是人类智慧的表现之一

下围棋是对脑力的极大考验，每一步棋，都牵扯到计算，要想下出好棋，更是需要超凡的计算能力，围棋无穷的变化促使人类智慧在不断寻求突破极限。

1. 围棋是最复杂的智力游戏

围棋从诞生起就不仅是游戏，还承担着教化人的使命。它能对人们心智的培养、理性思考能力及更高层次智能的开发带来潜移默化的影响。

中国棋院第一任院长陈祖德曾说过："一个棋手水平的高低，取决于他下棋的时候算得是否精确。一般说业余棋手很难下过职业棋手，就是因为职业棋手算得精确，一步棋要算五十手、六十手。到了对杀的阶段，常常有好几种下法，每种下法又都能形成一个纵深，需要非常精确。"

因为下围棋要求计算非常严密，特别锻炼逻辑思维，被世界上公认为最复杂的智力游戏。

围棋有多少变化？现在的围棋棋盘是19道，算起来至少有361的361次方这么多种变化，这还不包括打劫、吃子等引起的变化。唐代文人冯贽就感叹："人能尽数天星，则遍知棋势。"意思是，能把天上的星星数清楚，就能知道围棋的所有变化了，足见围棋变化无穷。

2. 下围棋不仅要计算还要精确判断

对棋手智力的考验除了体现在计算方面，还体现在对形势的判断上。几乎每一手都要判断形势状况，然后决定下一步的战略战术。棋子没有区别，无谁大谁小，可一落到棋盘上，突然就活起来，一着能使通盘皆活，一着又能导致满盘皆输。

围棋的输赢经常体现在一目或半目上，所以形势差一些时要怎么下，好一点又要怎么下，形势不同，攻守策略就会不同，这都要靠精准的判断。职业棋手下棋，如果输半目，他早就心里清楚了，不会等到下完棋再去数。

可以说，在围棋对弈中，从深谋远虑的布局，到烽火连天的中盘战斗，直至精准细微的收官，时刻都在考验着棋手的全局意识、计算能力。在对局过程中，双方需要投入大量的脑力活动，不断思索，反复比较，随时进行形势判断，择机调整自己的作战方案。因此，下围棋十分有助于增强一个人的观察力、计算力、记忆力和应变能力，在儿童早教中，围棋也越来越被人重视。

3. 人工智能拿围棋来证明进步

科技一直在想方设法去突破人类智力的极限，于是连人脑都难以穷尽其变化的围棋就成了试金石。

早在1997年，深蓝机器人挑战国际象棋，打败了国际象棋大

师卡斯帕罗夫。当时兴起了一股人工智能热潮。但是围棋迷还很淡定：电脑围棋，还差太远，离一般业余棋手都有不小的差距。

2016年3月，人工智能终于向围棋发起了最强有力的挑战，谷歌公司研发的人工智能程序“阿尔法围棋”（Alpha Go）约战韩国围棋手李世石九段。依靠神经网络算法，“阿尔法围棋”具备了深度学习能力，它不再单单依靠机器的强大计算力“死记硬背”，而是在学习了16万局棋谱后，还能够不断自我学习，一天内就可以自我对局3万局，整理出更多的变化，最终达到极高的专业水准。

结果，“阿尔法围棋”赢了，围棋界为之震惊。这验证了科技文明已经发展到了不可思议的程度，而在“不知疲倦”的机器面前，一个棋手，无论他的棋力多么高超，也不可能杜绝疏忽或失误的出现。

诚然，电脑终有一日能够匹敌甚至超越人脑的计算能力，然而，电脑永远无法真正体悟围棋中蕴含的艺术观念和哲学意义。围棋的多维度还远未被包括“阿尔法围棋”在内的“棋手”参透，正如日本棋圣藤泽秀行九段的那句名言：“棋道一百，我只知七。”

二、围棋基础

1. 可逃之子和应弃之子

在围棋里，学会分析可逃之子和应弃之子很重要。死棋不可逃。

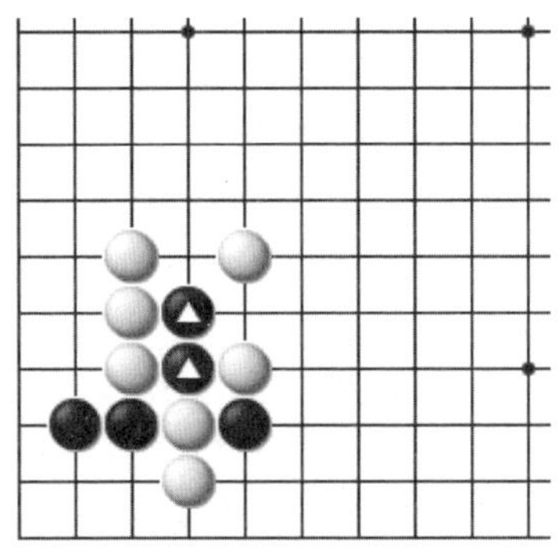

图例1

带▲黑棋是可逃之子

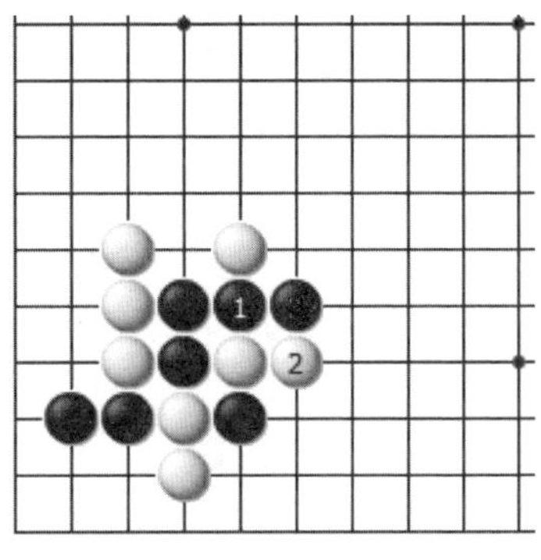

图例2

黑棋虽然被包围，但是依然可以逃出去

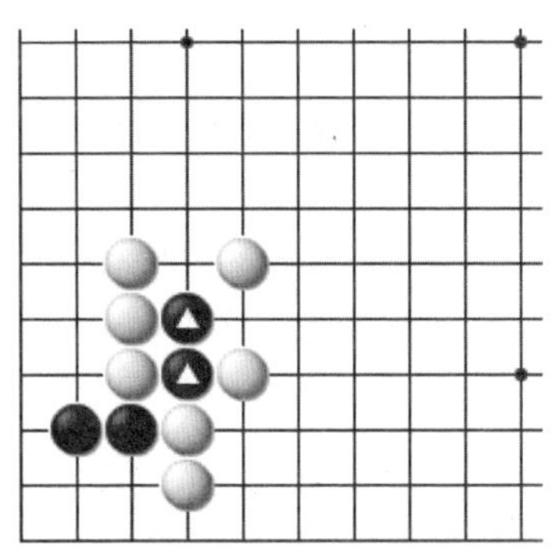

图例3

带▲黑棋是应弃之子

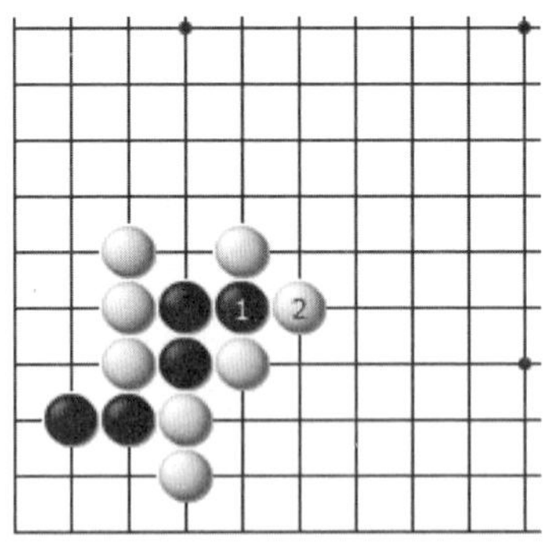

图例4

黑棋逃不出去，是应弃之子

习题：黑棋可逃打√，不可逃打×。

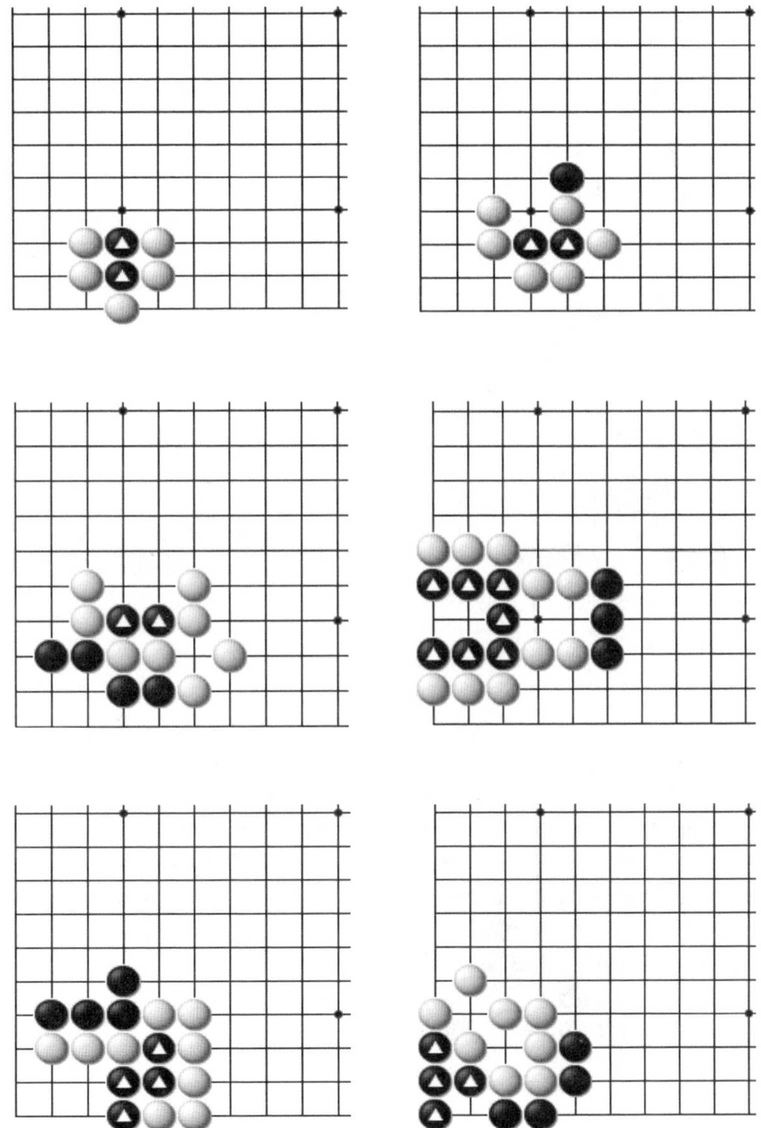

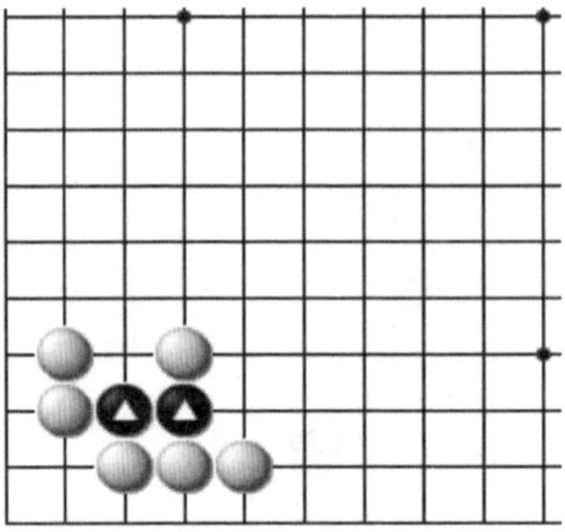

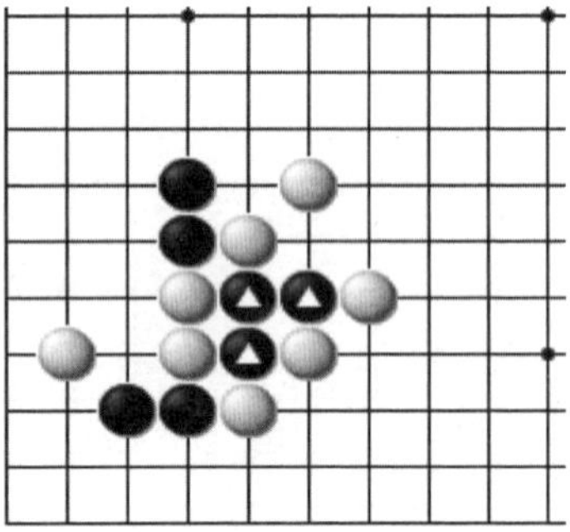

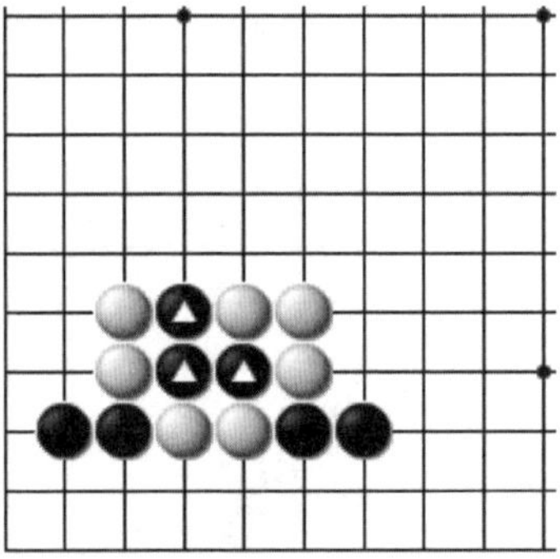

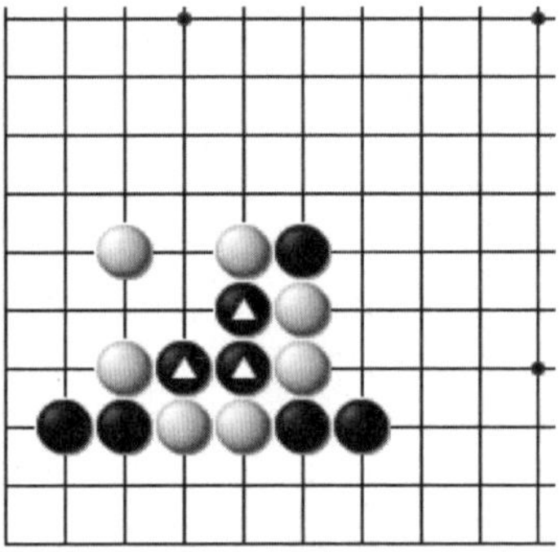

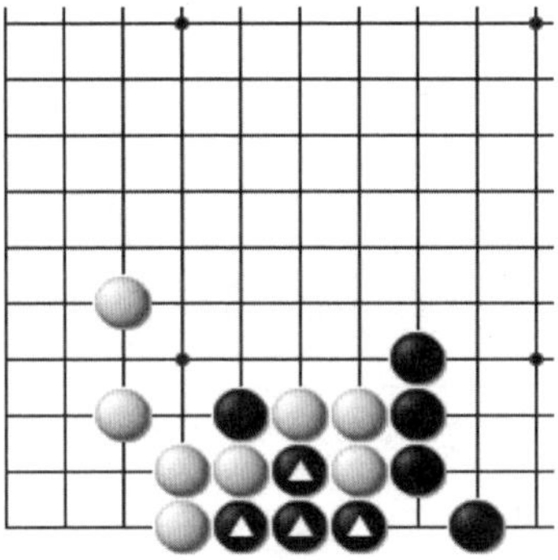

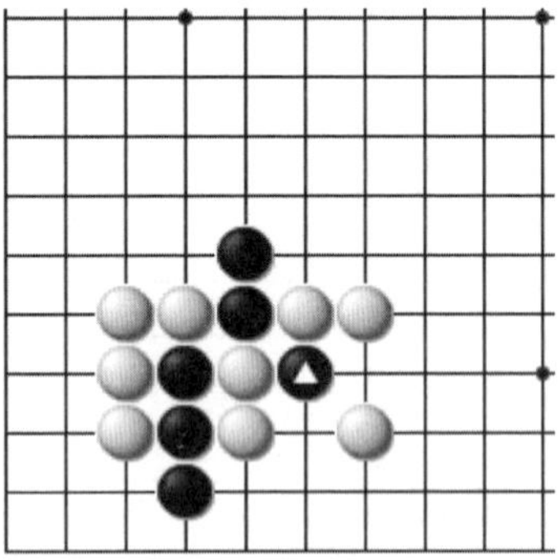

2. 接不归

形成连续叫吃的棋称为接不归。

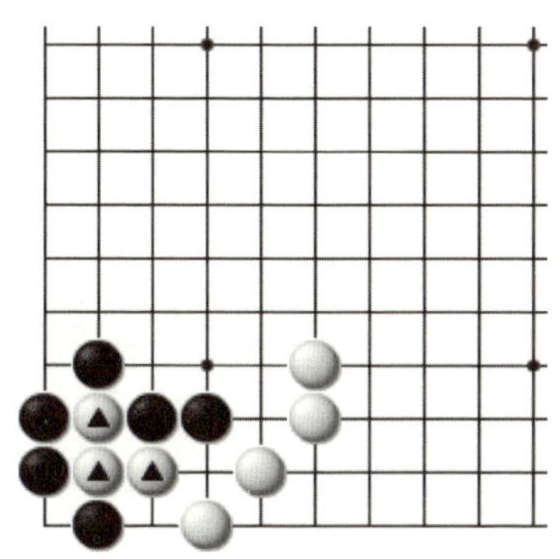

图例1

图中带▲的白棋只有两口气

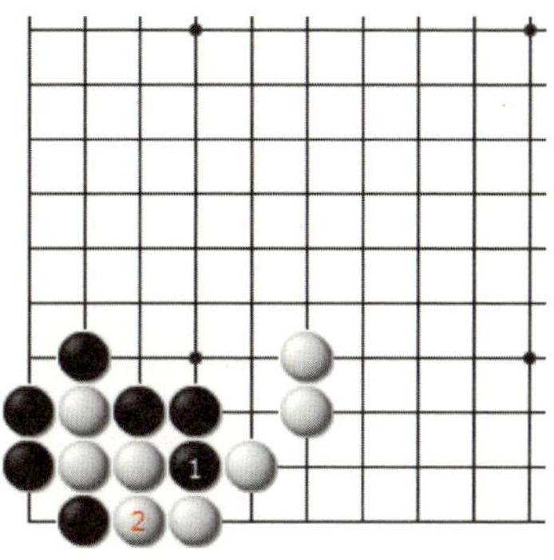

图例2

黑1打吃白棋，使白棋连接不回去，形成接不归

习题：请利用接不归吃住白棋。

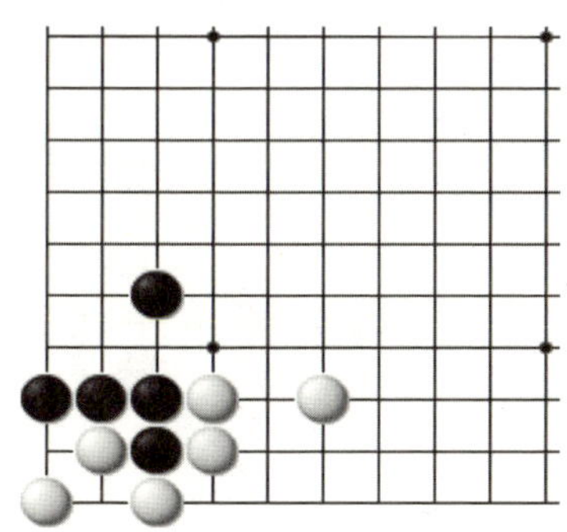

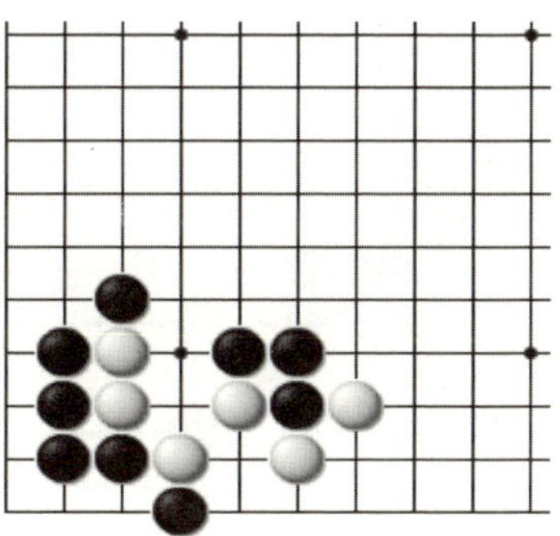

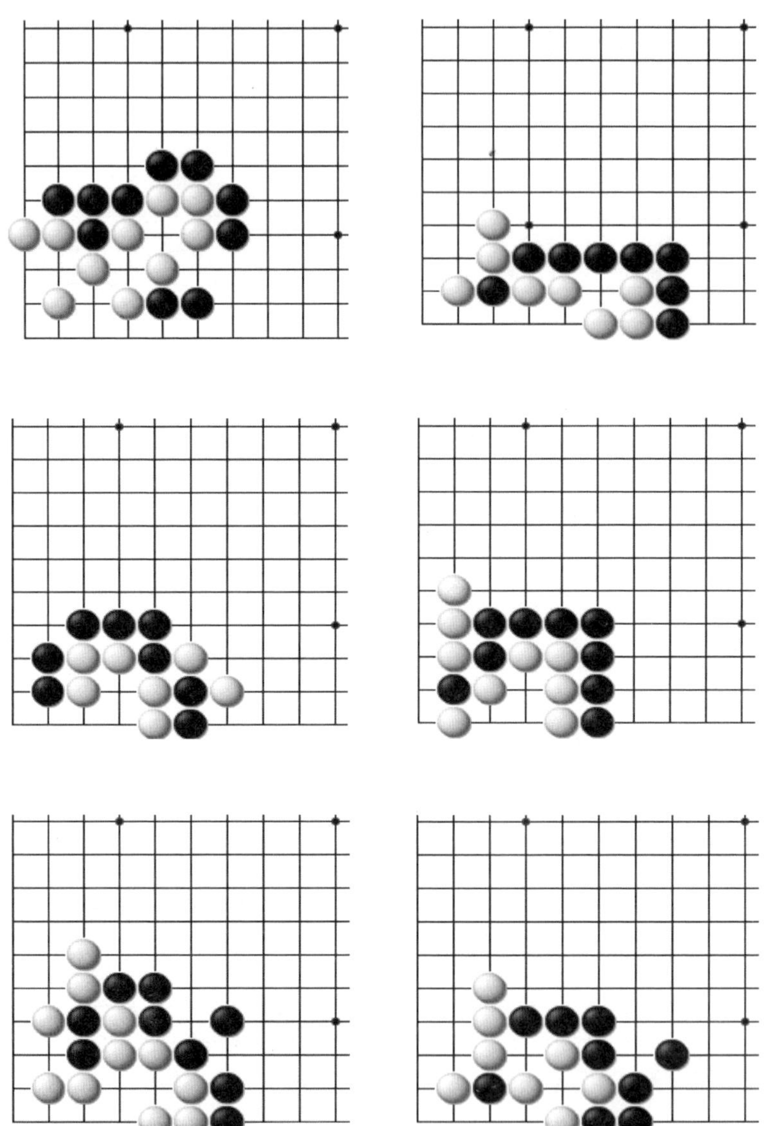

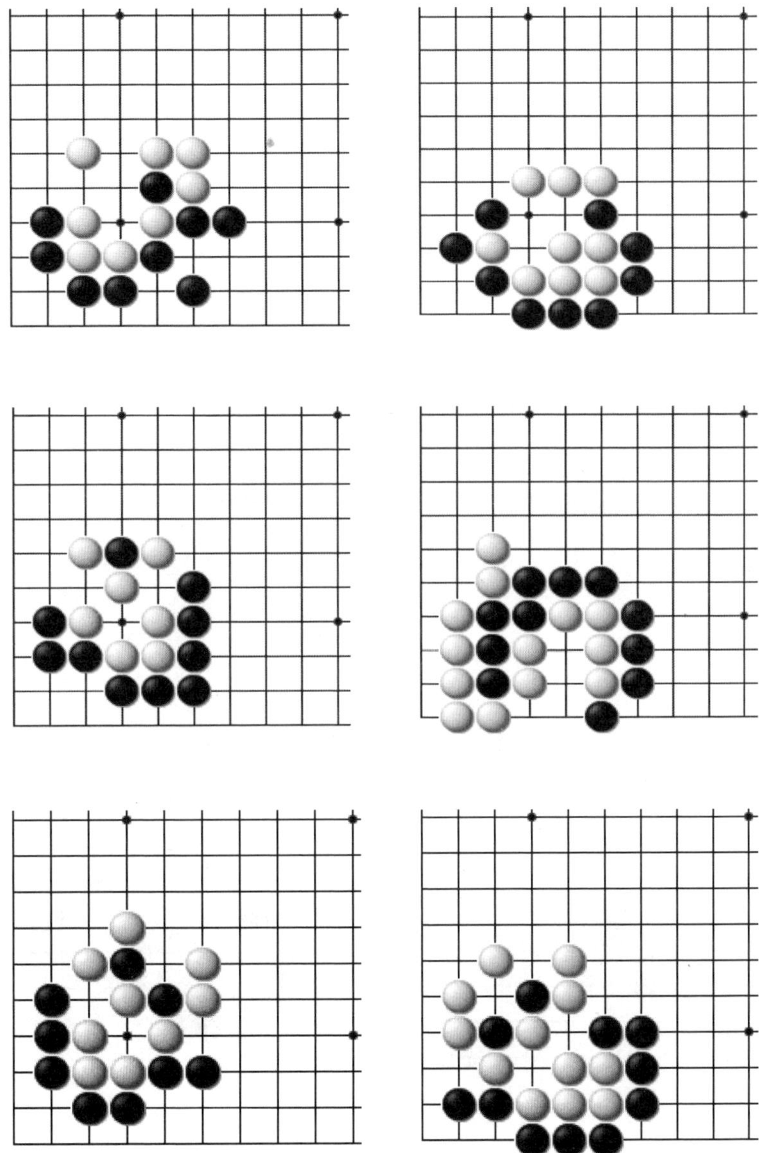

3. 紧气

为下好围棋，掌握好紧气的要领很重要，该如何紧气要看清楚棋形。

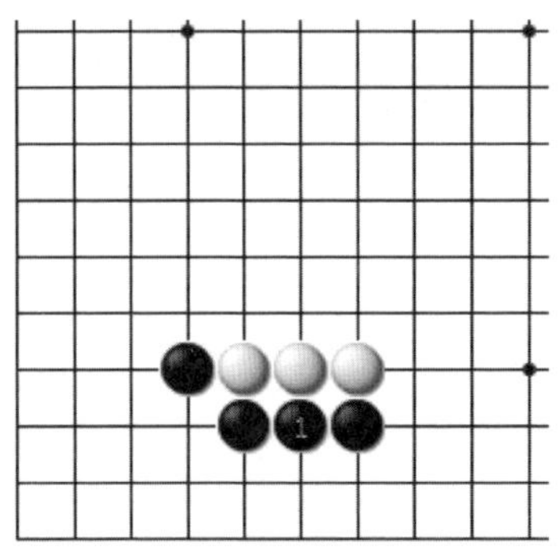

图例1

既连接自己又紧对方的气

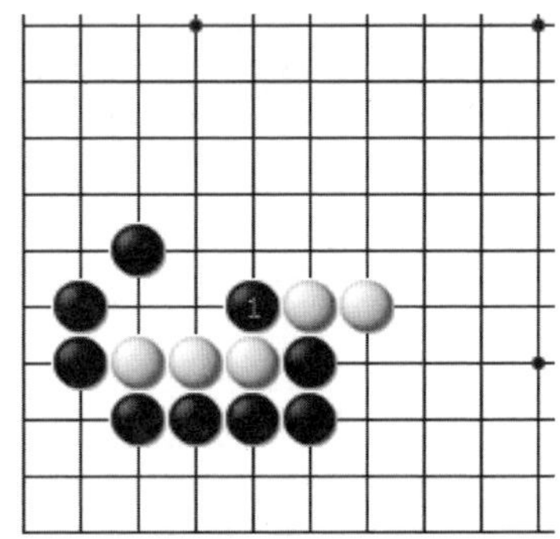

图例2

断对方的棋，同时紧对方的气

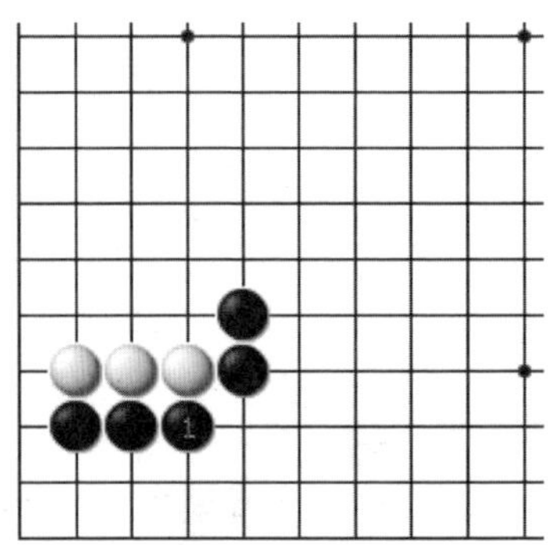

图例3

既围到空又紧对方的气

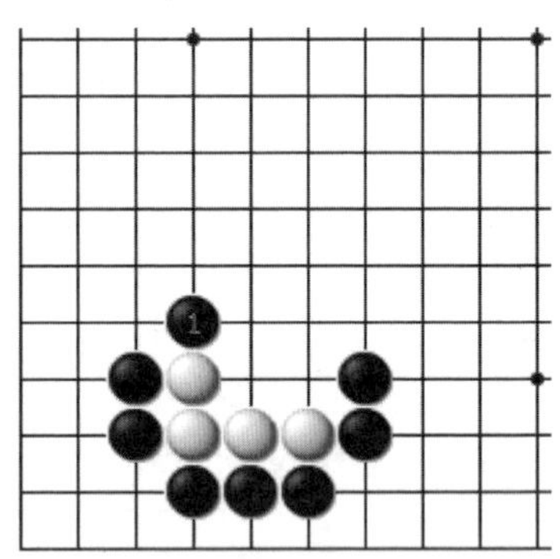

图例4

在对方出头的方向紧气

习题 ①：请连接自己，紧白棋的气。

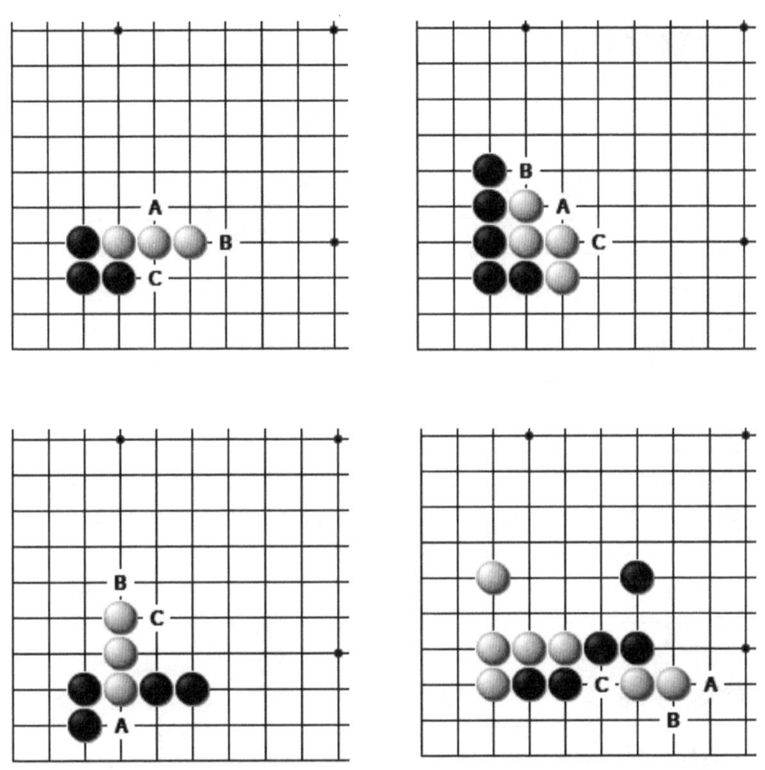

习题 ②：请断开白棋的同时紧气。

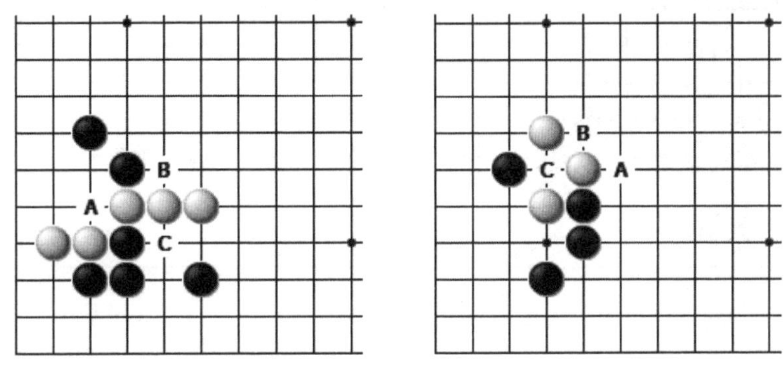

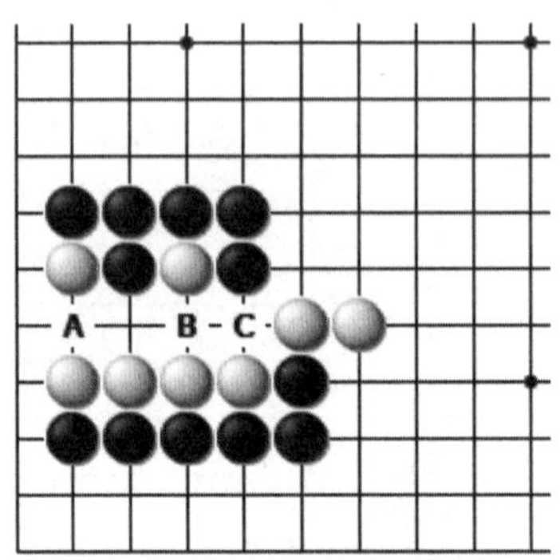

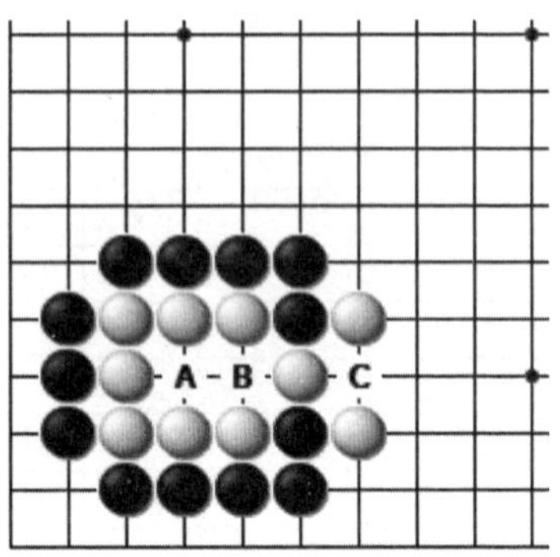

习题 ③：请紧白棋气的同时围住自己的空。

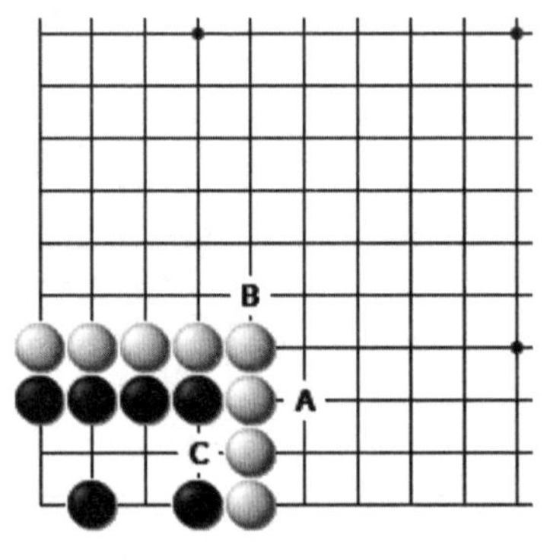

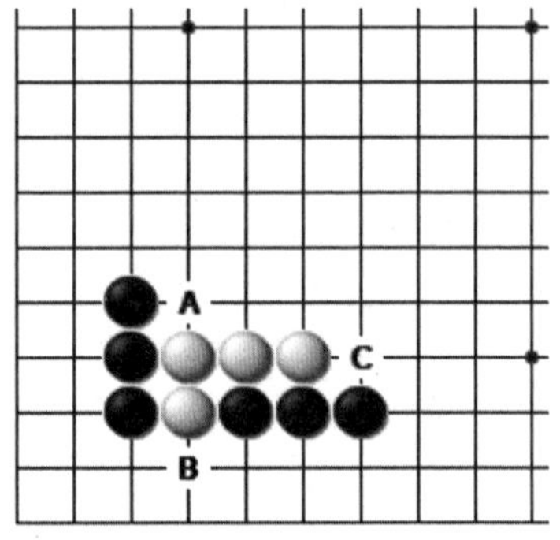

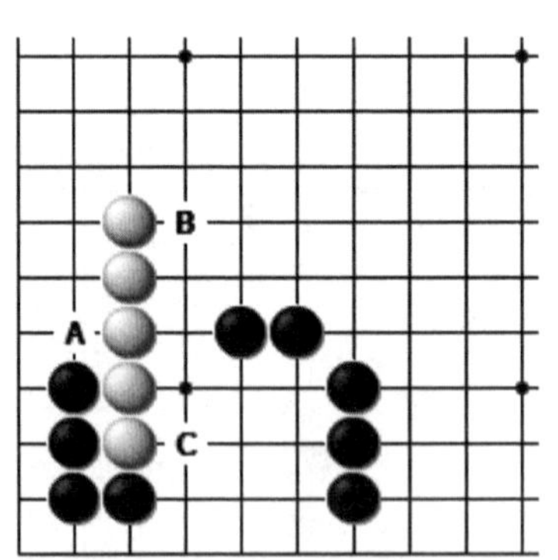

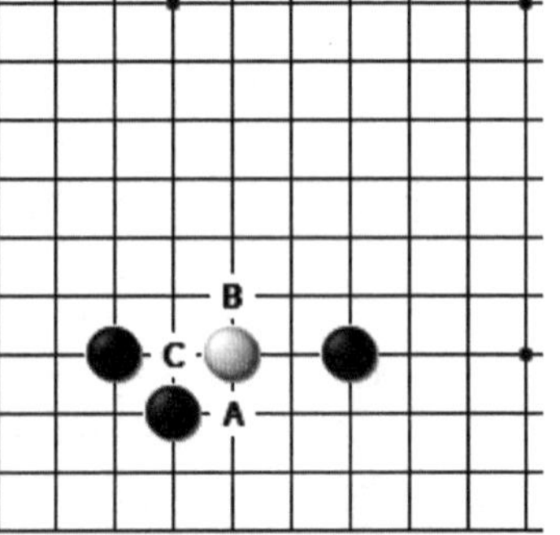

习题 ④：请在白棋出头的方向紧气。

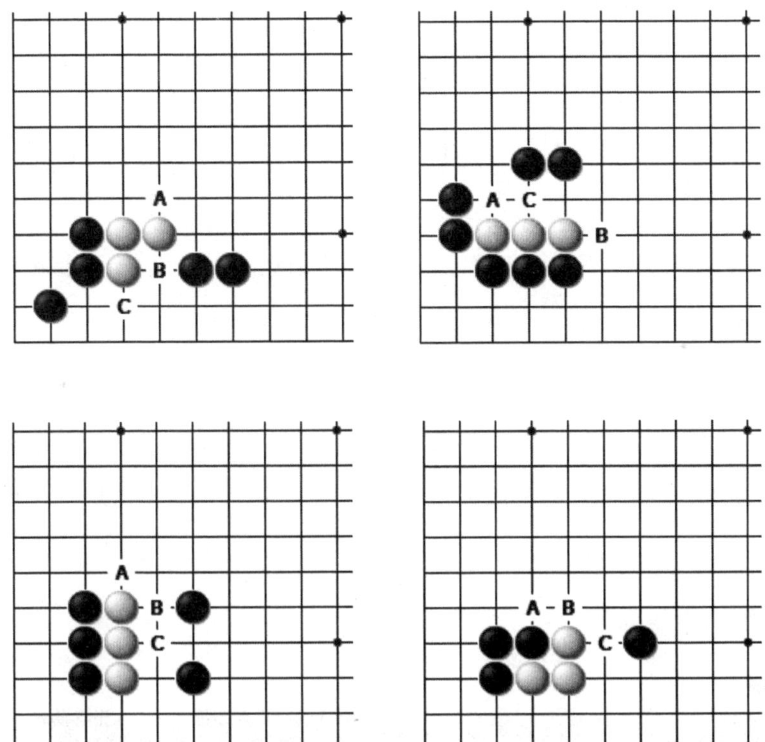

围棋趣闻

"阿尔法围棋"4：1击败围棋九段

2016年3月，"阿尔法围棋"（Alpha Go）以4：1击败韩国围棋手李世石九段，让世人大跌眼镜。

在比赛的前三局，李世石惨败，第四局中，李世石在进入读秒前后，下出了"神之一手"，让"阿尔法围棋"的脑子也短路了，下出了第97手超级臭棋，输掉了该局。这在给人们带来信心的同时，也让人们更加坚信人类所独有的"直觉"等创造性思维的价值。

"阿尔法围棋"研发团队成员黄士杰（左）代阿尔法围棋执子挑战李世石（右）。

最后的第五局，李世石执黑，在开局右边取得优势的情况下，在左上边的战斗中下出缓手，被“阿尔法围棋”抓住机会扭转局面。接下来，“阿尔法围棋”牢牢掌握领先局面，李世石中盘落败，双方比分定格，“阿尔法围棋”4：1取胜。

李世石最后两局的出色发挥让人看到“阿尔法围棋”并非无懈可击，为人类智慧守住了尊严。在以绝对优势战胜李世石后，“阿尔法围棋”获得了韩国棋院颁发的名誉职业九段证书。

围棋格言

1. 深念远虑兮，胜乃可必。

——东汉 · 马融

2. 舍弃是围棋取胜的秘诀，舍得是人生成功的智慧。有舍才有得，会舍才会得。舍得之道，乾坤奥妙。

温故知新

1. 谈谈对围棋计算力的理解。

2. 如何看待李世石被人工智能打败？

棋道规范第四讲

猜子决定先后

坐在“上位”的小朋友任意抓取一把白子，置于棋盘上，让对手猜“单”“双”。

坐在“下位”的小朋友取出1子——猜单数；或2子——猜双数；整齐地放在棋盘中间。

上位者打开手掌，将棋子每两颗排成一列，最后如剩一子代表单数；否则双。

“下位”的小朋友猜中时可以选择黑或白。